21世纪经济与管理应用型规划教材

大学生学业生涯辅导教程（财经类）

The Guidance Course For Undergraduates' Academic Career

杨明海 窦大海 葛培波 孙立莉 等编著

图书在版编目(CIP)数据

大学生学业生涯辅导教程(财经类)/杨明海等编著. —北京:北京大学出版社,2013.9
(21 世纪经济与管理应用型规划教材)
ISBN 978-7-301-22915-6

Ⅰ. ①大… Ⅱ. ①杨… Ⅲ. ①大学生-职业选择-高等学校-教材 Ⅳ. ①G647.38

中国版本图书馆 CIP 数据核字(2013)第 173082 号

书　　　名：大学生学业生涯辅导教程(财经类)
著作责任者：杨明海　窦大海　葛培波　孙立莉　等编著
策 划 编 辑：周　莹
责 任 编 辑：周　莹
标 准 书 号：ISBN 978-7-301-22915-6/F·3689
出 版 发 行：北京大学出版社
地　　　址：北京市海淀区成府路 205 号　100871
网　　　址：http://www.pup.cn
电 子 信 箱：em@pup.cn　　　　　QQ:552063295
新 浪 微 博：@北京大学出版社　@北京大学出版社经管图书
电　　　话：邮购部 62752015　发行部 62750672　编辑部 62752926　出版部 62754962
印　刷　者：北京大学印刷厂
经　销　者：新华书店
　　　　　　787 毫米×1092 毫米　16 开本　11.5 印张　246 千字
　　　　　　2013 年 9 月第 1 版　2013 年 9 月第 1 次印刷
定　　　价：24.00 元

未经许可,不得以任何方式复制或抄袭本书之部分或全部内容。
版权所有,侵权必究
举报电话:010-62752024　电子信箱:fd@pup.pku.edu.cn

丛书出版前言

《国家中长期教育改革和发展规划纲要(2010—2020年)》指出,目前我国高等教育还不能完全适应国家经济社会发展的要求,学生适应社会和就业创业能力不强,创新型、实用型、复合型人才紧缺。所以,在此背景下,北京大学出版社响应教育部号召,在整合和优化课程、推进课程精品化与网络化的基础上,积极构建与实践接轨、与研究生教育接轨、与国际接轨的本科教材体系,特策划出版"21世纪经济与管理应用型规划教材"。

"21世纪经济与管理应用型规划教材"注重系统性与综合性,注重加强学生分析能力、人文素养及应用性技能的培养。本系列包含三类课程教材:通识课程教材,如《大学生创业指导》等,着重于提高学生的全面素质;基础课程教材,如《经济学原理》《管理学基础》等,着重于培养学生建立宽厚的学科知识基础;专业课程教材,如《组织行为学》《市场营销学》等,着重于培养学生扎实的学科专业知识以及动手能力和创新意识。

本系列教材在编写中注重增加相关内容以支持教师在课堂中使用先进的教学手段和多元化的教学方法,如用课堂讨论资料帮助教师进行启发式教学,增加案例及相关资料引发学生的学习兴趣等;并坚持用精品课程建设的标准来要求各门课程教材的编写,力求配套多元的教辅资料,如电子课件、习题答案和案例分析要点等。

为使本系列教材具有持续的生命力,我们每隔三年左右会对教材进行一次修订。我们欢迎所有使用本系列教材的师生给我们提出宝贵的意见和建议(我们的电子邮箱是 em@pup.cn),您的关注就是我们不断进取的动力。

在此,感谢所有参与编写和为我们出谋划策提供帮助的专家学者,以及广大使用本系列教材的师生,希望本系列教材能够为我国高等院校经管专业的教育贡献绵薄之力。

北京大学出版社
经济与管理图书事业部
2012年1月

作者简介

杨明海，山东财经大学工商管理学院教授，山东省人才发展研究中心副主任，山东省MBA教育指导委员会委员，哥本哈根商学院高级访问学者，中芬PEILI™行为解析研究中心主任。主要研究方向为人力资源管理、战略管理、本土管理、高层次创新人才培养等。

窦大海，山东财经大学工商管理学院讲师。主要研究方向为组织与人力资源管理、创业与职业生涯。曾担任第八届"挑战杯"全国大学生创业计划比赛金奖团队指导教师；荣获全国青联青年创业教育优秀导师等奖项。

葛培波，山东财经大学工商管理学院副教授。主要研究方向为人力资源管理与组织行为，主持省厅级课题八项，发表论文二十余篇，出版《组织行为学》《工资理论与实务》《现代劳动经济学》等多部教材。

孙立莉，山东财经大学工商管理学院副教授，人力资源教研室副主任，国家三级心理咨询师。主要研究方向为人力资源管理、组织行为与组织发展、员工心理健康等。

序

感谢山东财经大学工商管理学院邀请我来参加大学生生涯辅导课程建设研讨会和论坛活动！大学生生涯辅导课程是一门非常好、非常必要的课程，在全国的本科教育中也不多见，特别值得肯定。工商管理学院从领导到人力资源教研室的老师们，为这项课程建设所做的投入和付出真的让我很感动，相信同学们也感受到了他们为你们所做的努力。我仔细翻阅了大家有关拓展训练和职业感知等方面的心得，发现有的同学提到刚开始时还挺有抵触情绪的，不想参加，去了之后发现很有收获。所以这门课程对于学生来说价值确实很大。

这个课程的设计很合理，从素质扩展、大学生活、职业感知，到心理和价值观的教育，设置相当完善。学院还计划，在本科三年级开设职业生涯辅导课，本科四年级开设职场实践课，整套课程的设计考虑特别全面。我真希望自己能晚生数十年，可以跟你们一样，赶上这样的好机会。我上学的时候没有人开设这门课程，哪怕相关的辅导也几乎没有。我觉得大家真的很幸运。

有人说在大学里学的很多东西，其中很多都会被遗忘，而剩下来的就是教育的结果。我本科学的是数学专业，当时的努力学习只是为了得到好的分数。事实上，那时学到的课程内容中只有很少一部分具体内容真的在后来的职业发展中会实际用到。但是，我们的本科学习过程难道是没有价值的浪费时间吗？绝对不是的。本科的学习过程，对于我们的价值观，对于我们的为人处事的方法和态度，以及对于我们认识世界等方面的影响都是非常大的。我在本科学数学时训练出来的严谨性和逻辑性让我受用一辈子。我认为，你们现在学什么专业并不重要，但这并不意味着你们不需要好好学习专业知识。而是要在学好自己的专业的同时，培养自己的人文和职业素养。同学们比我年轻那么多，大家现在的资源和机会比我们那时多了很多，应当好好利用，并开始思考自己未来要走什么样的路，自己应该如何从现在去努力。作为过来人，我特别希望大家从这个课题开始认真地去思考，这辈子能够做些什么？我为什么要在这个学校里学习？我们要为这个社会、这个国家带来些什么？所以我觉得这是一个很好的开始。

大家在过去的这一个月上这门课时，有老师上课，有拓展活动，还有我们今天的论坛等，你们可能在这个过程中也开始了自己的思考。随后进入其他课程的学习，在紧张的学业压力下，有些人可能会渐渐地把已经学过的内容和开始思考的东西都淡忘掉。我希望这是一个持续的学习过程，而不只是在我们这个课程进行过程当中，或者是拓展的那两三天感觉很好。希望大家能持续地阅读，持续地学习，持续地思考，不断地追问自己，让这样的问题始终在自己的脑子里萦绕。特别希望大家能够更努力地去学习和思考，不要等到30岁时回忆起来才说我那时候没好好努力。所以我在这诚恳地跟大家说，持续的学习和思考会为你们创造更多的主动选择的机会。

千里之行,始于足下。本科学习是一个重要的人生阶段,绝不能蹉跎。学校为你们提供的这个大学生生涯辅导课程,目的在于开启你们对于人生的思考。机会总是青睐有准备的人——学会思考,做好规划,并为此持续地努力,你的人生就会更加精彩!

清华大学经济管理学院教授

钱小军

前　言

　　年复一年,大学迎来了一批风华正茂的新生,他们经过十二年的寒窗苦读,终于如愿以偿走进了心仪已久的大学。当他们踏进学府的那一刻,不知会有怎样的感受?是喜悦、失望、迷茫还是满怀希望?想必一定对未来的四年充满了无限美好的人生憧憬吧!但是在充分感受考入大学的兴奋和新奇之余,他们是否思考过一些问题:我来这里做什么?四年之后我将成为怎样的人?

　　大学意味着什么?自由?快乐?生活的独立?个性的张扬?抑或是孜孜不倦的追求?在考入大学以前,他们可能听说过,大学是神圣的地方,是理想的殿堂。那里没有三点一线的轨迹,没有堆积如山的作业,没有老师的管制;那里有园林般的学校,有勤奋好学的学子,有博学多才的老师;那里充满了自由,充满了快乐,充满了浪漫。大学四年说长不长,说短也不短,有些同学可能利用这四年的准备,使自己具备一定的专业技能和良好的交际表达能力;有些同学可能只能在毕业的时候感叹大学生活匆匆忙忙,所获无几。

　　有些毕业生在盘点自己大学生活的"得与失"时,曾写道:"大一的时候,我们迷茫;大二的时候,我们彷徨;大三的时候,我们繁忙;大四的时候,我们悲伤。"大一的时候,自己就像进入了桃花源,懵懵懂懂爬山,稀里糊涂过河;大二的时候,开始觉醒,知道自己的不足,但自己不清楚应该选择走怎样的路;大三的时候,面临就业或是继续考研时才知道自己知道的甚少,于是开始夜以继日地考证、考级、考试,争取入党,打工兼职;大四的时候,自己不得不感叹"毕业不再遥遥无期,转眼间就各奔东西"。我们有理由相信如果能让每位毕业生再上一次大学,他一定会比现在做得更好;如果能早一点知道本该知道的"不知道",他一定会少一些成长中的烦恼,就不会任由大好光阴流逝,只留下不该有的叹息和悔恨。

　　为了迎接大学新生的到来,为了使他们"大一不再迷茫,大二不再彷徨,大三不再繁忙,大四不再悲伤",山东财经大学工商管理学院人力资源管理的专业教师结合专业知识和亲身实践,开设了"大学生学业生涯辅导"实践课。

　　"大学生学业生涯辅导"实践课开设的目标是解决大学生在入学初期对于学业的迷茫、毕业前期对于就业的焦虑以及如何衔接学习和就业的困惑。辅导实践课以大学生心理发展规律为依据,以生涯发展过程为着眼点,在生涯辅导教师的帮助下,明确自我生涯发展的方向,正确理解、整合、运用各种知识、经验去解决生涯发展中的各类问题,从而获得自己生涯的良好适应与发展。

　　大学生学业生涯辅导围绕着"如何度过四年大学生活"为主线,主要包括素质拓展、大学生活辅导、职业认知与求职、职业选择与准备、心理与价值观辅导、专业教育、名家论坛等内容。大学四年是大学生们进入职业生涯前非常重要的专业知识学习、职业感知与修养、职业选择与适应的过程,因此所有模块的授课都有别于常规的课堂授课方式,以事件案例、视频案例、实验案例等为引导,以启发、体验和 QA 方式为手段,以突破自我、团队熔炼、生活有序、心理健康、职业修炼为核心,强化正能量引导,在自我认知的基础上,指导大学生科学地规划自己的学习生活,让大学生们在大学四年的学习生涯中带着目标去学习、体验和成长。

《大学生学业生涯辅导教程》一书是在参与该课程建设的老师们集体备课的基础上而形成的,所有的内容都经过了集体讨论、修订、试讲和正式授课,受到了一年级新生的认可和喜爱。由于我国大学生的基本情形大致是相同的,因此我们相信本书的内容同样广泛适用于高等院校和职业院校,一则可以用于大学新生们的入学教育之用,二则可以指导大学新生们更好地规划他们的大学四年,以大学生涯为起点,成就梦想,成就人生,实现新的跨越。

编者

2013 年 1 月

目录 Contents

◆ **第1章 大学生学业生涯辅导概述** / 1
 1.1 我国大学生学业生涯辅导的现状与意义 / 1
  1.1.1 我国大学生生涯辅导的现状 / 1
  1.1.2 我国大学生学业生涯辅导的意义 / 3
 1.2 大学生学业生涯辅导的目标与原则 / 3
  1.2.1 大学生学业生涯辅导的目标 / 3
  1.2.2 大学生学业生涯辅导的原则 / 4
 1.3 大学生学业生涯辅导的内容与实施 / 5
  1.3.1 大学生学业生涯辅导的内容 / 5
  1.3.2 大学生学业生涯辅导的实施 / 7
 1.4 大学生学业生涯辅导效果的评估 / 9
 1.5 大学生学业生涯辅导的创新之处 / 9

◆ **第2章 素质拓展** / 11
 引言 / 11
 辅导目标 / 13
 2.1 素质拓展活动的纪律要求 / 13
 2.2 课程设计 / 13
 2.3 项目流程 / 13
  2.3.1 破冰 / 13
  2.3.2 分队 / 14
  2.3.3 拓展项目实施 / 14
  2.3.4 穿插小游戏 / 18
  2.3.5 总结与分享 / 18
  2.3.6 收尾及后续跟进 / 19
 2.4 拓展教练的注意事项 / 19

2.4.1 拓展教练的定位 / 19

2.4.2 拓展教练的常备物品 / 19

2.4.3 讲解方法 / 20

附录 2-1 破冰游戏说明 / 20

附录 2-2 素质拓展项目说明 / 23

附录 2-3 穿插小游戏说明 / 29

附录 2-4 拓展故事 / 31

◆ 第 3 章　我的大学生活 / 34

引言 / 34

辅导目标 / 34

3.1 个人生活 / 35

    3.1.1 学会理财：掌管好自己的"小金库" / 35

    3.1.2 合理安排作息和课余时间 / 35

    3.1.3 提高安全意识 / 37

3.2 学习生活 / 38

    3.2.1 大学的学习准备与规划 / 38

    3.2.2 图书馆学习 / 43

    3.2.3 利用网络公开课学习 / 44

3.3 社会生活 / 45

    3.3.1 宿舍生活 / 45

    3.3.2 班级生活 / 46

    3.3.3 社团生活 / 47

    3.3.4 实践生活 / 49

附录 3-1 大二学生王强（化名）的学业生涯规划 / 51

附录 3-2 大二学生刘刚（化名）的学业生涯规划 / 53

◆ 第 4 章　职业认知与求职 / 55

引言 / 55

辅导目标 / 55

4.1 职业认知与定位 / 55

    4.1.1 职业认知 / 55

    4.1.2 自我认知（我是谁？）/ 59

    4.1.3 确立职业目标（我想做什么？）/ 62

    4.1.4 分析环境与职业定位 / 64

    4.1.5 付诸行动 / 65

4.2 大学生求职 / 70
    4.2.1 求职启动时间 / 71
    4.2.2 求职准备 / 72
    4.2.3 实习和兼职如何与就业结合 / 78
    4.2.4 对求职有影响的活动 / 80
    4.2.5 关于考证 / 81

◆第5章 职业选择与准备 / 87

引言 / 87

辅导目标 / 87

5.1 公务员考试 / 87
    5.1.1 公务员制度介绍 / 87
    5.1.2 适合考公务员的人群与不适合考公务员的人群 / 88
    5.1.3 公务员考试介绍 / 90
    5.1.4 备战公务员考试 / 91

5.2 考研 / 92
    5.2.1 硕士研究生的种类 / 92
    5.2.2 考研应考虑的因素 / 93
    5.2.3 考研信息的获取渠道 / 95
    5.2.4 考试程序 / 96

5.3 创业 / 100
    5.3.1 创业教育的背景 / 100
    5.3.2 创业的概念和本质 / 101
    5.3.3 创业项目的选择——商业模式简析 / 102
    5.3.4 创业融资 / 102
    5.3.5 创业团队 / 105

5.4 出国留学 / 108
    5.4.1 出国留学的好处 / 108
    5.4.2 出国留学的准备 / 108
    5.4.3 准备托福、雅思等语言考试 / 110

◆第6章 心理辅导 / 114

引言 / 114

辅导目标 / 114

6.1 大学新生心理健康问题 / 114
    6.1.1 什么是心理健康 / 114

　　　　6.1.2　大学新生常见的心理健康问题 / 118
　　6.2　心理调适 / 125
　　　　6.2.1　正视个性差异——认识自我 / 125
　　　　6.2.2　情绪调适 / 129
　　附录 / 131

◆ 第7章　价值观辅导 / 134
　　引言 / 134
　　辅导目标 / 134
　　7.1　价值观与职业价值观 / 134
　　　　7.1.1　价值观的概念内涵 / 134
　　　　7.1.2　职业价值观的概念 / 139
　　　　7.1.3　职业价值观的测试 / 141
　　7.2　职业价值观的决定因素 / 142
　　7.3　职业价值观的影响因素 / 144
　　　　7.3.1　遗传或先天性因素 / 144
　　　　7.3.2　勤奋与历练因素 / 146
　　　　7.3.3　教育与训练的因素 / 147
　　7.4　职业价值观的养成 / 148
　　　　7.4.1　坚持正直(有正义感) / 148
　　　　7.4.2　舞动智慧(鞭策自己,激励他人) / 149
　　　　7.4.3　坚守诚信(为人之本,为企之根) / 150
　　　　7.4.4　巧用情绪(高情商) / 150
　　　　7.4.5　突破自我 / 151
　　附录1:个人价值观测试 / 152
　　附录2:职业价值观测试 / 153
　　附录3:成功突破口的测试 / 157

◆ **参考文献** / 163

◆ **后记** / 166

第 1 章 大学生学业生涯辅导概述

生涯辅导思想起源于 20 世纪初的西方国家,经历了从职业指导到职业生涯辅导,再到生涯辅导的转变,形成了许多重要的理论和实践经验。[①] 大学生生涯辅导主要包括两个部分:学业生涯辅导、职业生涯辅导。学业辅导的对象是大一新生,中心主题是如何度过四年大学生活,能够指导大学生科学地规划自己的学习、成长与发展,实现大学生的自我认知;职业生涯辅导的对象是大三、大四的学生,中心主题是如何选择一种生活方式,因为选择职业就是选择一种生活方式,能够拓展大学生的就业能力与职业修养,实现大学生的自身发展。本教程是面向大一新生的学业生涯辅导。

1.1 我国大学生学业生涯辅导的现状与意义

大学生学业生涯辅导就是大学生根据自身情况,结合现有的条件和制约因素,为自己确立整个大学期间的学业目标,并为实现学业目标而确定行动方向、行动时间和行动方案的过程。[②] 生涯辅导教学的目标是解决大学生在入学初期对于学业的迷茫、毕业前期对于就业的焦虑以及如何衔接学习和就业的困惑。

1.1.1 我国大学生生涯辅导的现状

我国对大学生生涯辅导的研究始于 20 世纪末 21 世纪初,研究的主要问题包括生涯辅导的目标、实施原则、对象内容以及与思想政治教育的关系等。[③]

1. 生涯辅导的目标

我国大学生生涯辅导的目标可分为社会导向、个体导向和综合导向[④],即通过促进个体的生涯成熟,帮助学生实现就业,帮助学生寻求匹配度较高的职业,以及培养大学生自主择

[①] 姚本先、王道阳:《大学生生涯辅导概论》[M],安徽人民出版社,2005。
[②] 蒋建荣、詹启生:《大学生生涯规划导论》[M],南开大学出版社,2005。
[③] 赵红灿、张红卫:《大学生生涯辅导体系构建研究》[J],《山西高等学校社会科学学报》,2008(05)。
[④] 叶晓燕:《大学生生涯辅导的理论与方法的研究》[D],东华大学,2006。

业发展的意识、理念及能力。虽然大学生生涯辅导的问题越来越受到各高校的重视,但真正普及的范围还不够广,生涯辅导仍相对滞后。许多高校甚至在低层次的辅导上也显得不足,相对于市场的需求而言,我国高校没有发挥应有的生涯辅导功能。

2. 生涯辅导的内容

长期以来主要面向毕业生的高校就业辅导的内容大都停留在理想教育,对招生、就业形势的一般介绍和政策法规的阐释,而对学生职业观和择业观的引导、心理调适的培养、职业道德教育和创业教育等方面进行的辅导还比较缺乏。[1] 生涯辅导缺乏完善的实施体系,一些学校在对学生进行生涯辅导时,往往仅用统一的内容教育全体学生,从而忽视了学生个性差异的客观存在。

3. 生涯辅导的实施途径和形式

比较集中的是关于生涯辅导课程开发和团体辅导的研究。生涯辅导课程开发从"大课程观"角度建构包括学科课程、活动课程、实践课程和环境课程在内的生涯辅导课程体系。[2] 团体辅导是一种主流的生涯辅导形式,不少文献采用了实证研究的方式,探讨了团体辅导对个体职业决策自我效能的影响、对职业生涯规划的影响等。目前,在生涯辅导实施上,生涯辅导体系和形式过于单调和空泛,这使生涯辅导工作难以深入开展。

4. 生涯辅导的本土化研究与探索

生涯辅导本土化一般都经过移植、借鉴、对话和创新四个阶段。[3] 近十年来,我国生涯辅导研究更多地放在对美国等发达国家的生涯发展理论、职业兴趣理论进行"西方话语"的简单照搬上,但缺乏有本土文化含量的"中国式解读"。

5. 生涯辅导的网络化拓展与发展

互联网突飞猛进的发展、电脑的普及、网络的骤增为网络生涯辅导的产生和发展提供了可能性;毕业生人数迅速增长,而接受过正规培训的专业辅导人员严重匮乏,这使开展网络生涯辅导成为必需。但在如何提高网络生涯辅导人员的素质以及探索网络生涯辅导的有效方法上仍然有待完善。

6. 生涯辅导与创业教育相结合

创业教育为学生的成长和综合素质的提高提供了新的视角和载体。美国在生涯辅导中非常重视培养学生的创造意识和运用所学知识解决实际问题的能力,力求培养学生的自主创业精神,还特别将有关企业管理的实际操作知识列入生涯辅导课程中。[4] 此外,他们还把产品设计技术、资金筹措、事业策划、事业管理及政府的有关法律章程等作为生涯辅导课程或讲座的重要内容。在这一方面我国的生涯辅导还有待加强。

---

[1] 熊茂芳:《大学生生涯辅导的内涵与思考》[J],《文教资料》,2007(10)。
[2] 吴成国、谢华:《关于构建大学生生涯辅导模式的思考》[J],《教育与职业》,2008(11)。
[3] 刘勇:《大学生生涯辅导本土化研究》[J],《黑龙江教育(高等研究与评估)》,2008(09)。
[4] 孙震瀚:《国外职业指导》[M],浙江教育出版社,1991。

1.1.2 我国大学生学业生涯辅导的意义

大学生生涯辅导教学体系共分为学业生涯辅导、职业生涯辅导和职场实战辅导三个阶段,大学生学业生涯辅导是大学生生涯辅导教学体系的第一个阶段。大学生学业生涯辅导就是大学生根据自身情况,结合现有的条件和制约因素,为自己确立整个大学期间的学业目标,并为实现学业目标而确定行动方向、行动时间和行动方案的过程。[①]

1. 大学生学业生涯辅导是大学生科学地规划自己的学习、成长与发展的需要

大学阶段是大学生进入职业领域前系统完整的准备阶段。生涯辅导教育就是为了帮助大学生客观地认识自我,把学习知识、发展素质、提高能力和调适自己的职业价值观有机地结合起来。

2. 大学生学业生涯辅导是促进大学生就业的需要

生涯辅导教育通过运用调查访谈、心理测量等方法,帮助大学生了解自身的个性特征、职业兴趣、职业素质,解决其情感与就业的冲突、过度焦虑等问题,帮助大学生用正确的价值观参与求职择业活动,提高大学生的成就动机和职业意识,增强其就业能力,综合运用求职择业技巧,从而为大学毕业生的顺利就业架起桥梁、铺平道路。

3. 大学生学业生涯辅导是实现大学生自身发展的需要

从人生发展的角度来看,大学生正处于生涯发展的关键阶段,面临着许多关乎未来发展的重大抉择,如学业、职业、人生价值、婚姻等,亟待建立自我认同。这些抉择直接影响到大学生个人的前途和发展,如果处理不好,他们将在人生的道路上出现波折。大学生学业生涯辅导是通过各种生涯探索活动,帮助大学生树立生涯意识,并逐渐明晰其生涯发展方向,制订具体的生涯计划,以期在职业实践中实现自己的价值。

4. 大学生学业生涯辅导是合理配置大学生人力资源的需要

在市场经济条件下,如何合理地配置人力资源,已成为我国面临的突出问题。大学生生涯辅导教育使毕业生充分地了解社会发展对人才的需求,使个人的才能、兴趣与所从事的工作相吻合,从而找到最能发挥自己才能的位置,达到人力资源合理配置的目的。

5. 大学生学业生涯辅导是引导大学生创新创业的需要

生涯辅导能够促进大学生的创新创业能力建设,引导大学生树立正确的择业观、培养健康的就业心理,帮助大学生规划职业人生,进而提高大学生创新、创业技能和成功的概率。

1.2 大学生学业生涯辅导的目标与原则

1.2.1 大学生学业生涯辅导的目标

大学生学业生涯辅导教学体系的目标是解决大学生在入学初期对于学业的迷茫、毕业

[①] 刘旭、张海亮:《浅谈大学生学业生涯规划》[J],《科技信息》,2008(29)。

前期对于就业的焦虑以及如何衔接学习和就业的困惑。大学生是社会建设和发展的重要群体，有着独特的性格特点：成熟与幼稚兼具，冷静与热情交杂，对未来充满希望和迷惑。尤其在这样一个信息爆炸的时代，大学生在认知、意识、情感、行为方面都在不断地接受大量信息，并试图过滤、吸收自己需要的和对自己有益的信息。大学生学业生涯辅导教学体系就是以大学生心理发展规律为依据，以生涯发展过程为着眼点，在生涯辅导专家的帮助下，明确自我生涯发展的方向，正确理解、整合，运用各种知识、经验去解决生涯发展中的各类问题，从而获得自己生涯的良好适应与发展。①

1.2.2　大学生学业生涯辅导的原则

大学生学业生涯辅导教学体系的构建要坚持前瞻性与发展性、全程性与阶段性、针对性与辅助性相结合的原则。②

1. 前瞻性与发展性相结合

生涯发展是从生到死的动态的发展历程，其各个阶段有其不同的发展任务。因此，生涯辅导的实施必须遵循大学生生理、心理、职业需求及社会发展的原理，通过对个体进行有关生涯的一系列有步骤的前瞻性辅导活动，以实现大学生的生涯发展目标。

2. 全程性与阶段性相结合

根据学生从入学到毕业不同阶段的职业认知能力和发展水平特点，针对不同学生的职业生涯愿景与定位，结合不同职业路径对人的素质要求，对学生进行分阶段、多路径的职业生涯教育和辅导，以帮助和指导学生掌握基本的职业生涯规划方法，在科学认知自己和环境的基础上，规划好大学生涯，提高自我发展的主动性与积极性。大学生生涯辅导应该根据学生不同阶段的发展要求，贯穿其大学四年学习的全过程，各个阶段相互贯通，有机联系，构建一个相对完整的大学生生涯辅导体系。

3. 针对性与辅助性相结合

大学生的心态、理念、价值取向等心理品质因人而异。由于受外界环境因素的影响，不同的生涯任务在不同的时期千差万别，这就决定了对大学生的生涯辅导必须因人而异，对症下药。同时，生涯辅导的任务在于启发和鼓励大学生潜能的发挥并促进其成熟和成长，而不是在大学生成长的过程中包办代替地简单做出判断性结论，因此构建大学生生涯辅导教学体系要坚持针对性与辅助性相结合的原则。

---

① 王训兵、李晓波、王飞：《大学生学业生涯规划现状及对策》[J]，《教育与职业》，2012(05)。
② 糜志雄：《大学生学业生涯设计因素结构探究》[J]，《唯实》，2007(05)。

1.3 大学生学业生涯辅导的内容与实施

1.3.1 大学生学业生涯辅导的内容

大学生学业生涯辅导的内容主要包括素质拓展、大学生活辅导、专业教育、职业认知与求职、职业选择与准备、心理辅导、价值观辅导、专家论坛、自我认知以及辅导效果的评估等。各部分间的关系如图 1-1 所示。

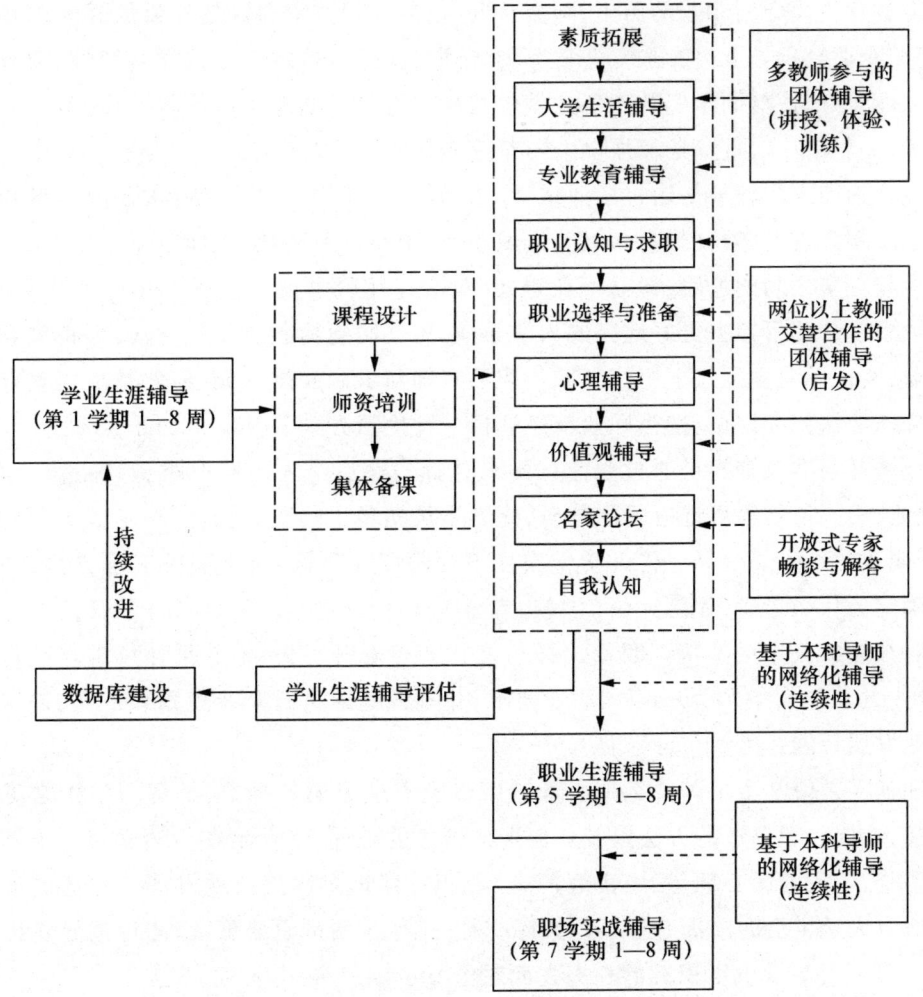

图 1-1　大学生学业生涯辅导的内容及其关系

素质拓展是通过一系列的项目和游戏,以运动为依托,以培训为方式,以感悟为目标,促使参加者挑战自己的心理,直面真实的自我,激发出潜伏在身上而未被其真正了解的力量。参加者通过在挑战自己的能力极限中体会到发自内心的胜利感和自豪感,通过团队合作完成几乎不可能完成的项目获得难得的人生体验,促使参加者行为习惯的突变和心理品质的飞越与提升。素质拓展辅导安排一天(连续性的8个课时),重点是引导新生实现自我突破、建立团队意识及转换思维模式。

大学生活辅导以"我的大学生活"为题,围绕个人生活、社会生活和学习生活三个方面开展辅导。通过学习,大学生应掌握如何选择和参与社团、如何开展有意义的社会实践活动、如何制订合理的学习规划以及如何使用图书馆和网络资源;了解宿舍生活、班级生活和理财的相关技巧,帮助学生合理安排作息和课余时间,提高安全意识。大学生活辅导安排半天(4个课时),重点是引导学生规划好自己的大学生活。

专业教育主要介绍专业的历史、师资状况、培养计划方案和计划开设的课程以及特色课程,由每个专业分别开展。参加专业教育的老师在此可以展现自己的学习背景、专业研究方向以及兴趣爱好,并对同学们的四年大学生活提出寄语和期望。专业教育根据需要安排,一般是半天(4个课时),重点是加强学生与专业老师的交流。

职业认知与求职辅导是通过职业认知,明确将来的职业定位,了解求职的准备和相关安排。对于刚刚走进大学校门的大学生,认识职业、职业发展路径,明确职业发展方向,你评估个人目标与现实之间的差距,树立职业理想,学会运用科学的方法采取可行的步骤与措施,有利于大学生带着目标去更好地完成大学学业,树立明确的职业发展目标,为将来顺利实现就业创业,实现职业理想打下坚实基础。职业认知与求职安排一天(8个课时),重点是引导学生正确职业认知和定位,选择职业就是选择一种生活方式。

职业选择与准备辅导是通过职业认知来选择毕业后个人的职业类型,通过求职、国考、考研、创业、出国留学等可选方式的分析,让学生从初步了解职业特性,到了解有哪些职业类型、每个职业的准入要求等。告诉学生去往不同的职业目标,有不同的实现方法,如选择考研应该确定为什么考研,如何定位(学校、专业)、如何准备(大学学习与考研精力时间的分配)、各种成功或失败的案例。职业选择与准备辅导安排一天(8个课时),重点是告知大学生"可能走的路",了解"每条路"的职业要求,并有计划地进行职业规划和准备,制定切实可行的职业发展计划。

心理辅导是使学生了解什么是心理健康以及心理健康的标准,了解大学生常见的心理健康问题,掌握心理调适的方法以及如何形成健康的心理,使学生在生活学习中能够积极面对各种困难,形成健康心理、发展良好的人际关系,促进个性健康地发展。心理健康是大学生能够适应大学生活的前提,是学习、人际交往、工作生活的重要保证,心理辅导安排半天(4个课时),重点引导学生用积极的心态去面对学习、实习和社会实践问题。

价值观辅导是通过对价值观的辅导学习,了解什么是价值观以及常见的职业价值观,初步确立自己的职业价值观,应把为国家作贡献、为社会献爱心作为崇高的追求,成为具有中国传统文化优秀品质和国际视野的合格的大学生。价值观辅导安排半天(4个课时),重点引导学生树立正确的人生观和价值观,把推动社会进步、扶植正义事业、汇聚正向能量作为人生目的,正确对待"价码",防止自乱方寸、美丑颠倒、道德失范,避免"金枷套颈、玉锁缠身"。

名家论坛是大一新生"大学生生涯辅导课程"的最后一个环节,为了巩固同学们的学习成果,课程组邀请了来自著名学府、政府和企业界的嘉宾,与各位同学共同交流、分享他们的学习经历和人生智慧,并以此为我们的大学生生涯辅导课画上一个圆满的句号。

自我认知指每个辅导模块都会安排参加的学生总结自己的体验、体会和心得,最后我们通过调查问卷的方式评估辅导效果,召开课程建设总结会,提出改进建议,并进行各个环节的数据库建设。

网络化辅导是连接大学生生涯辅导三个阶段的纽带,在专业辅导阶段确认的本科生生涯辅导导师可以以网络化辅导的方式贯穿从大学生入学直至毕业的全过程,将生涯辅导的各个阶段和环节相互贯通,有机联系,构建起一个相对完整的生涯辅导体系,体现出生涯辅导教学体系的目标性、阶段性与全程性。

1.3.2 大学生学业生涯辅导的实施

大学生学业生涯辅导的实施主要包括生涯辅导准备、生涯辅导形式和生涯辅导方式。

1. 生涯辅导准备

生涯辅导准备主要包括辅导课程建设、师资培训、集体备课等。

生涯辅导课程的设计和开设,需要有意识地根据各年级学生的不同特点,结合本学校的特色,整合生涯辅导理论,既要考虑生涯辅导理论的系统性,又要有选择地加以开展。课程开发应按照两个维度:从学生发展的维度看,应遵循主体的参与性、个性的多样性、自我的完整性等原则;从课程发展的维度看,应遵循课程的生成性、课程的可选择性、课程的综合性等原则。

国外职业生涯辅导人员呈现出职业化、专门化、高素质的特点,他们一般都具有心理学、辅导学、高等教育学硕士学位或博士学位。[①] 因此,必须通过各种途径建设一支相对稳定、专兼结合、高素质、专业化、职业化的师资队伍,保证大学生职业生涯辅导工作的快速发展。

集体备课是以教研组为单位,组织教师开展集体研读大纲和教材、分析学情、制订学科教学计划、分解备课任务、审定备课提纲、反馈教学实践信息等系列活动。集体备课要明确集体备课的时间、地点和主备人,明确集体备课的内容、范围和要求,备课程教材、备教法学法。集体备课是生涯辅导的一种有效形式,对于发挥教师团队合作精神,集思广益,取长补短,具有举足轻重的作用。

2. 生涯辅导形式

生涯辅导形式主要包括个别辅导、团体辅导和网络化辅导等,其中以团体辅导最为常见。

---

① 王大磊、郭晓娜:《国外大学生的生涯辅导及其启示》[J],《北京教育(高教版)》,2006(06)。

团体辅导是在团体情境下进行的一种心理辅导形式[①],它是以团体为对象,运用适当的辅导策略与方法,通过团体成员间的互动,促使个体在交往中通过观察、学习、体验,认识自我、探讨自我、接纳自我,调整和改善与他人的关系,学习新的态度与行为方式,从而激发个体潜能,增强适应能力的助人过程。

个别生涯辅导是先根据个人不同的特点和要求,进行诊断和指导。在一个团队中,总是会有个别差异,这个时候辅导老师要根据实际情况对学生进行个别指导、主动约见,并且进行跟踪观察,通过交流沟通可以收到很好的效果。个别辅导可以借助专业的辅导方法和技术,提供有针对性的服务,以满足学生个别化的需要。团体辅导是高校进行生涯辅导通常的形式,用时短、效率高,但缺乏针对性。两者可相互结合进行。

网络化辅导是将生涯教育精品课程放到网上,实现网络化教学辅导。[②] 该辅导包括三方面内容:一是课程建设,例如,开设生涯探索课程、就业技巧课程、行业介绍课程、职业素质能力、职前适应等课程,并结合网络教育的特点作相应的改进,使其符合网络教学的需要;二是网络教学管理平台建设,使其具有学员个人学习计划制订、学习进程管理、学习成果总结等功能,以及后台管理系统对学习计划统计和学习进程控制的功能;三是借助网络聊天室和音频视频设备,对生涯辅导的热点问题和即时信息进行解读、解答或咨询。网络化辅导主要应用于阶段性专门辅导期间,以实现生涯辅导的全过程。

3. 生涯辅导方式

生涯辅导方式主要包括讲授、启发与体验等。生涯辅导应采用理论与实践、讲授与启发、体验和训练相结合的方式进行。

讲授是通过课堂对经典理论的起源、环境条件及其应用进行讲授,让学生系统地了解知识点和关键信息。通过典型案例分析,即通过对一个含有问题在内的具体教育情境的描述,或通过对某一教学情境的描述或录像回放,引导学生对这个特殊情境进行讨论的一种启发研究方法。

体验式生涯辅导主要运用情景模拟训练、小组讨论、角色扮演等方法,辅导学生亲身介入实践活动,并在实践过程中获得新的知识、技能和态度。即以学生为中心,营造尽可能接近真实的场景,引导学生在团体活动中获得具体的经验,促使学生进行观察、思考、认知和接纳,进而将习得的观念运用于真实的生涯世界,发展新的态度和行为方式。因此,体验式生涯辅导是帮助学生达到知行统一的有效途径。

在教学的过程中,要充分利用各种资源。除了教师和学生自身的资源之外,还需要使用相关的职业生涯与发展规划工具,包括职业测评、相关图书资料等;可以调动社会资源,采取与外聘专家、成功校友、职场人物专题讲座和座谈相结合的方法。

---

① 王胜男、姜子云:《团体辅导对大学生职业生涯确定水平的干预研究》[J],《中国科技信息》,2009(12)。
② 张泽强、陈伟:《论网络环境下大学生职业生涯辅导体系构建及实施》[J],《经济研究导刊》,2010(03)。

1.4　大学生学业生涯辅导效果的评估

大学生学业生涯辅导效果的评估包括综合评估、职场实战、创业大赛和数据库建设。

1. 综合评估

采用过程评价与结果评价相结合的方式考查学生学习职业生涯辅导课程的效果。[①] 由教师、辅导人员、家长、同学和大学生本人对教学体系执行的效果进行评价,可以用标准化的测评进行辅助评价,并根据评价的结果进行反思和体系修改。在生涯辅导的每个阶段都应该进行针对课程、辅导过程、感受体会、体验等各方面的评估,以改进和优化生涯辅导教学体系。

2. 职场实战

借助毕业生参与社会实习、实践活动的机会,邀请企事业单位到学校参与实习生招聘活动,检验生涯辅导的实际应用效果。

3. 创业大赛

全国大学生创业大赛是一项全面提升大学生创业意识、提升创业能力的综合性赛事。协同团委、学生处和院系团总支组织创业学生参加大赛,充分结合多种评价方法来综合考评参赛大学生的综合素质能力。

4. 数据库建设

主要包括课程建设、案例、视频资料、管理游戏、情景模拟、角色扮演、职业形象设计课程录像录音等数据库。

1.5　大学生学业生涯辅导的创新之处

大学生学业生涯辅导的创新之处主要体现在以下三个方面:

一是在专业辅导阶段以人力资源管理专业为试点确立本科生指导导师制,贯穿从大学生入学直至毕业的全过程。具体包括:审核和协调学生的四年学习生涯计划,职业生涯选择与设计,毕业实习的安排,毕业论文的选题、写作和答辩等。毕业本科生导师制使生涯辅导的各个阶段和环节相互贯通,有机联系,构建起一个相对完整的生涯辅导体系。

二是素质拓展训练专业化,安排任课教师进行专业素质拓展训练与辅导,并与专业的培训师合作,进行专业化的拓展训练教学,强化每个拓展项目结束后的交流、分享与解释,使受训人员将体验中的感受延伸入自己的工作学习中,帮助新入学的大学生突破自我,加速团队熔炼。

---

① 师燕妮、邵贵文、孟庆涛:《目标路径理论下的大学生学业生涯规划探究》[J],《科技信息》,2008(36)。

三是名家论坛互动社会化,论坛是对职业生涯课提升和总结的平台,从校外请企业家、职业经理人、校长、院长等来做讲座,由主持人穿插各个阶段,让他们面对新生,从各自的角度谈谈如何度过大学四年。这要求所有新生全部参加,结合自己的情况提出问题。要让学生学会提问题,并能够将自己困惑的问题与专家交流。同时展开社会宣传,提高大学生生涯辅导的效果和影响力。

第 2 章 素质拓展

引 言

素质拓展,又称拓展训练、外展训练,原意为一艘小船驶离平静的港湾,义无反顾地投向未知的旅程,去迎接一次次挑战,去战胜一个个困难。这种训练起源于第二次世界大战期间的英国,当时大西洋商务船队屡遭德国人的袭击,许多缺乏经验的年轻海员葬身海底。针对这种情况,汉思等创办了"阿伯德威海上学校",训练年轻海员在海上的生存能力和触礁后的生存技巧,锻炼他们的身体和意志。战争结束后,许多人认为这种训练仍然可以保留。拓展训练课程以培养合作意识与进取精神为宗旨,崇尚自然与环保。

素质拓展具有行为强化性,在训练过程中创设一定难度的活动,主要表现在心理考验上。素质拓展促使受训者挑战自己的心理,直面真实的自我,激发出潜伏在受训者身上尚未被其真正了解的力量。[①] 受训者通过在挑战自己的能力极限中体会到发自内心的胜利感和自豪感,获得难得的人生体验,从而促成受训者行为习惯的改变和心理品质的飞越与提升。行为强化性原则上强调短期、高效,以期在短期内改变受训者原有的心理面貌。

素质拓展是一种以提高心理素质为主要目的,兼具体能和实践的综合素质教育,以运动为依托,以培训为方式,以感悟为目标。[②] 它是企业内训的一个手段,将其引入并作为新生学业生涯辅导培训的主要平台,目的在于通过一系列精心设置的刺激情境,引导新生实现自我突破、建立团队意识、转换思维模式。首先,引导新生重新审视自己,激发个人潜能,培养乐观的心态和坚强的意志,增强创意思维能力,提高沟通交流的主动性和技巧性;其次,促使新生增进彼此之间的认知与理解,树立团队意识,学习团队沟通的技巧,提高团队信任与宽容,为进一步凝练团队精神及加强团队凝聚力等奠定基础;最后,至关重要的是引导学生建立自我思考、自我探索的思维模式。大学生素质拓展可以提高学生积极主动的沟通精神、双赢思维、补位意识以及学生的团队责任感,锻炼学生在面对变化时的危机意识并使其掌握正确管理方法的技巧,提高他们的创新能力,形成欣赏他人、鼓励他人、赞美他人的良好品格。

---

① 刘良志:《论大学生素质拓展及实现方式》[J],《知识经济》,2009(01)。
② 陈佳瑶、葛利云:《浅谈大学新生进行素质拓展训练的必要性》[J],《考试周刊》,2012(14)。

素质拓展采用闭环学习模式,是一种具有代表性的体验式学习。它强调"干中学"的理念,参与者的体验与感受是基础,体验后形成的正面反思与感悟是精华。闭环学习模式使学员在项目的实施中充分进行体验和感受,同时注重学员在项目结束后的"分享"。在活动过程中,要求学员实现体力与脑力的充分结合,并共享别人的体会与心得,鼓励新生将新的体会应用到生活实践之中。

如图 2-1 所示,在体验式学习圈里,体验—发表—反思—总结—应用—体验往复循环,构成一个整体。

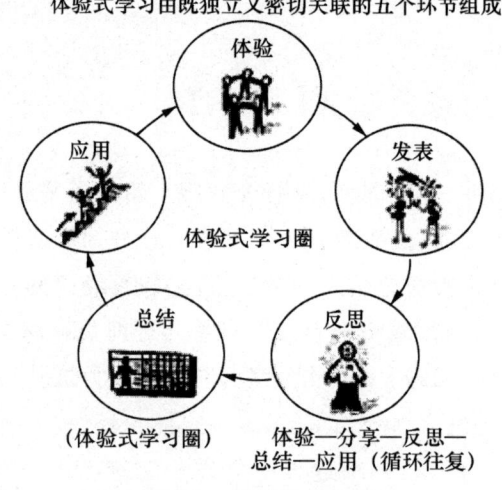

图 2-1 体验式学习圈

(1)体验:过程和开端。参加者投入一项活动,并以观察、表达和行动的形式进行。这种初始的体验是整个过程的基础。

(2)发表:"三人行,必有我师焉"。在有了体验后,很重要的一点就是,参加者要与其他体验过或观察过相同活动的人分享他们的感受或观察结果。

(3)反思:循环的关键部分是把这些分享的东西结合起来,与其他参加者探讨、交流以及反映自己的内在生活模式。

(4)总结:按逻辑的顺序,下一步是要从经历中总结出原则或归纳提取出精华,并通过某种方式整合,以帮助参加者进一步定义和认清体验中得出的结果。

(5)应用:最后一步是将这些体验应用到工作和生活中。而应用本身也成为一种体验,有了新的体验,循环就开始了,因此参加者可以不断进步。总之,活动体验性原则遵循的是"体验—分享—交流—整合—应用—体验"如此循环的过程。

本章主要包括四小节,首先是素质拓展活动的纪律要求;其次,简要说明课程设计的基本内容;再次,重点阐述针对大一新生适合开展的项目;最后,表明老师在扮演教练角色时应注意的基本事项。

辅 导 目 标

通过开展素质拓展训练,首先让新生掌握参加素质拓展的基本原则,增进同学之间以及师生之间的交流,增强班级凝聚力;其次,引导新生重新审视自我,帮助新生实现身份的转换,鼓励其突破自我,改善心理素质,关注特殊个体;最后,让新生明确团队的含义以及如何在团队中扮演好自身的角色,为提升个人认识和转变思维方式奠定基础。

2.1 素质拓展活动的纪律要求

素质拓展活动强调纪律性,以避免安全隐患,其纪律要求如下:
(1) 拓展时必须严格遵守拓展规则和有关纪律,严禁脱离团队擅自行动;
(2) 参加拓展时必须穿运动鞋,着装简洁适合运动,女生请不要穿裙子;
(3) 如患有不适于参加激烈运动疾病的人员应事先通知拓展组织者,以作统一安排;
(4) 拓展前及拓展期间严禁饮酒或其他含酒精饮料;
(5) 请保持训练区域的整洁,产生的垃圾或废弃物请随身带走,自觉保护环境卫生。

2.2 课 程 设 计

1. 参训人员

大学新生。

2. 拓展地点

教室或室外训练场。

3. 拓展形式

根据活动内容对学生进行分队,每队选一位队长,在教练的指导下进行活动,教练就活动的目的和作用对学生进行介绍,并引导学生在活动过程中体验和分享。

4. 活动类别

(1) 破冰游戏:串名字游戏、我是谁、交换名字、代号接龙等。
(2) 室内拓展活动:齐眉棒、报数、翻树叶等。
(3) 室外拓展活动:信任背摔、盲人方阵、穿越电网、鳄鱼潭等。

2.3 项 目 流 程

2.3.1 破冰

"破冰"是指打破人际交往间怀疑、猜忌、疏远的樊篱,就如打破严冬厚厚的冰层。"破冰"工作主要是通过小游戏的开展,活跃气氛,打破僵局,加速新生间的相互认识,帮助他们放松并变得乐于交往和相互学习。该环节是素质拓展的开始,也是重要环节。破冰游戏的成功可以引导新生快速融入集体,更好地展现真实的自我。破冰游戏主要有串名字游戏、我是谁、交换名字、代号接龙等,具体实施方法见附录2-1的破冰游戏说明。

2.3.2 分队

基于"破冰"的基础,接下来要进行团队分组、团队文化的建设。

1. 团队分组

团队分组要体现随机性和公平性。参加者为大一年龄相仿的新生,在团队分组过程中仅考虑团队的性别比例,要求每个团队有12—18人。具体分组可采用循环报数的方式,即男女生各站一队一字排开,循环报数,根据所需队数的需要决定报数的数量,数字相同的成为一队。

2. 团队文化建设

团队分组后需要完成以下六项工作:

(1) 选出团队队长、队秘,鼓励学生积极自我推荐;

(2) 确定团队队名;

(3) 确定团队队歌;

(4) 确定团队队训(理念),以体现团队的精神内涵;

(5) 设计团队队旗,以体现团队理念和团队队名的意义;

(6) 团队风采展示。

每个项目都是一个挑战,这就要求整个团队要以高昂的斗志投入到每一项任务中去。在每个项目开始之前,团队都需要富有激情地说出自己团队的队名、队训,彼此加油鼓劲,从中感受团队的力量和队友的支持;在每个项目结束后,需要做同样的事情,进行团队自我认可和鼓励;在完成任务的过程中,学生需要相互协作和良好的沟通,团队需要高度的凝聚力、领导力,教练在每个过程中都只是一个引导者、一个裁判。

2.3.3 拓展项目实施

(一) 项目实施

拓展项目实施是素质拓展的关键环节,在整个过程中教练需要发挥重要的引导、监督作用并做好安全保护工作。学生作为项目的参与主体,自主领导、自主发挥。[①] 在项目开始时,要给予学生基本的、没有任何暗示性质的指导;在项目实施过程中,提供必要的安全保护,但不可随意打断其活动,除非出现安全隐患;在每个项目结束后,教练有意识地提醒队长组织团队成员回顾项目实施过程,寻找关键点,并进行经验与感悟交流。

---

① 毛振明、王长权:《学校心理拓展训练》[M],北京体育大学出版社,2004。

（二）项目选择

素质拓展项目可根据场地、活动主题等因素进行划分。

1. 根据场地划分

在校内可组织开展的项目主要有信任背摔、求生电网、孤岛求生、齐眉棒等对场地、设备要求较低的项目。

校外专业素质拓展训练基地有完善的设备，可进行高空断桥、毕业墙等项目。

2. 根据活动主题划分

以个人挑战为主的项目，在活动过程中通过感觉团队的力量实现个人的突破，加强队员之间的信任，感受队友的支持。例如，信任背摔、高台演讲等。

以团队挑战为主的项目，帮助队员了解一个团队是如何建立起来的，通过加强团队中的有效沟通、增强队员之间的合作意识与合作技巧，让队员体会计划的有效性和联系性。例如，求生电网、盲人方阵、有轨电车、毕业墙等。

在团队的共同参与下，激发个人潜能。这类项目培养战胜自己的能力，使队员懂得激励自己和激励他人。例如，高空断桥、空中单杠等。

一般情况下，一天完整地进行四个项目比较合理。针对新生开展的素质拓展可提供两个方案：方案一，在校内室外拓展；方案二，在校外素质拓展训练基地拓展。每一项拓展项目的开展都遵循以下流程：活动说明—限定时间讨论—限定时间进行—在规定时间结束并用结果说明成败—团队内部总结—教练点评并说明合理方法。

（1）方案一：校内素质拓展训练。

上午进行素质拓展的经典项目信任背摔、盲人方阵，下午进行求生电网、鳄鱼潭等项目（具体实施方法见附录 2-2 的素质拓展项目说明）。项目的实施情况如图 2-2、图 2-3、图 2-4、图 2-5 所示。

图 2-2　信任背摔

图 2-3　盲人方阵

图 2-4　鳄鱼潭

图 2-5　求生电网

信任背摔项目进行约两个小时，该项目通过换位思考来提高对团队的信任；盲人方阵项目进行约一个半小时，可提高队员熟练运用和分享沟通技巧、合作方法和技巧的能力；鳄鱼潭项目约进行一个半小时，有助于提高合作的方法和技巧、团队的宽容度、工作的主动性等；求生电网项目进行约两个小时，该项目旨在协调所有人的工作和努力，防止内耗；在四个项目结束后，全程回顾总结，建立高绩效团队。

（2）方案二：校外素质拓展训练。

依托校外专业设备，开展难度较高的项目，给予学生更强烈的心灵震撼，提高心理素质。上午进行信息背摔、高空断桥、求生电网等项目，下午开展毕业墙项目，晚上进行团队角色的室内讨论课。图 2-6 展示了校外素质拓展训练的全流程，图 2-7 则是毕业墙项目的实施情况展示。

```
信任背摔(换位思考——对于工作团队中不同文化背景和价值观的理解,提高团队宽容度)
                                    ⇩
高空断桥(管理变化,勇于面对环境变化和积极主动承担环境变化带来的团队责任)
                                    ⇩
求生电网(协调所有人的工作和努力,防止内耗)
                                    ⇩
毕业墙(培养团队合作意识,体会个人与团队之间的关系)
                                    ⇩
团队角色的室内讨论课(认清自身在团队中的位置,了解自己在团队中应承担的责任,
思考在这个位置要怎样做才能提高团队的整体绩效)
                                    ⇩
全程回顾总结(建立一个高绩效的团队)
```

图 2-6　校外素质拓展训练流程图

图 2-7　毕业墙

(三) 项目实施目标

通过素质拓展,应让新生形成以下启发,即充分相信自我、相信团队。新生应认识到:假如要去做一件从未做过的并且是有一定难度的事情,如果不相信自己一定能行的话,就不能勇敢地迈出第一步,只有相信自我,才能超越自我。

1. 相信团队,增强团队凝聚力

大胆去做,相信团队会给自己最大的力量和支持,同时也要给团队以回报。

2. 工作中应有计划和方法

没有预先的计划和方法就埋头苦干,时间已经耗费了,才突然发现最后一步就是行不通,只得前功尽弃。

3. 同团队统一步伐,一丝不苟地对待工作,全力配合整体计划

在拓展训练的过程中,每队的队员之间最关心的都是如何与团队协调好,而不是某个队

员自己如何能做得更好,个体对团队的关注已远远超过了自身。

(四) 其他注意事项

在项目实施的过程中,应注意音频、图片资料的收集。只有让队员不断回味拓展训练的过程,他才会从中不断地体会出道理,因此要将队员在拓展训练中的语言、动作片段以各种形式反映出来,为队员找到可以用于学习的素材,这样才能将拓展训练所获得的体会应用到工作中去。

2.3.4 穿插小游戏

参与小游戏的过程也是素质拓展的体验,小游戏不仅可以活跃气氛,更重要的是它本身就具有有待挖掘的内涵。

鉴于素质拓展持续时间长,队员容易产生疲劳和倦怠,而只有把每一个项目当做一场"战斗",每一个人全身心地投入才会有切身的感悟与更深的体会。在饭前饭后及项目中间穿插多种多样的小游戏,能帮助队员们集中注意力,调动他们的兴奋神经,也有利于促进队员间相互了解,最终保证素质拓展的顺利进行。

在游戏的选择与开展过程中需要注意以下事项:

(1) 游戏的选择要有针对性,要对素质拓展产生正面的作用;

(2) 游戏不能喧宾夺主,分散队员对素质拓展项目的注意力;

(3) 游戏要简单易行,准备时间不宜过多,需要的道具不宜繁复。

适宜开展的小游戏主要有"我是大茶壶"、猜拳接力、报数游戏等(具体实施方法见附录2-3 的穿插小游戏说明)。

2.3.5 总结与分享

在拓展项目全部结束后,教练辅助队长组织队员对所有训练进行回顾,在回顾过程中,大家积极分享心得,并在一两天内形成书面文字,以便作为日后回味的一种参照。总结的内容可以从以下几个角度展开:

(1) 领导:团队领导采取了何种领导风格?

(2) 授权:如何实现最佳授权?

(3) 团队合作精神:团队合作精神能给团队带来什么好处?如何增进团队成员的团队合作精神?

(4) 信任:如何建立相互信任?

(5) 团队支持:团队成员之间互相支持的必要性是什么?如何创建团队?

(6) 冲突:如何处理和解决冲突?

(7) 同伴压力:这种压力会带来什么影响?

(8) 沟通:沟通中存在哪些问题,又该如何改进?

(9) 竞争:项目进行中的竞争对手是谁?竞争的前提条件是什么?

（10）性别歧视：在对角色的安排和领悟中有无性别歧视的因素？

（11）思维定势：思维定势的影响是什么？

（12）恐惧：有哪些引发恐惧的因素？

（13）快乐：哪些因素能为拓展带来快乐？

（14）自信心：自信心的作用以及如何增强自信心？

（15）联系：如何将拓展所得应用到实际工作之中？

2.3.6 收尾及后续跟进

收尾工作主要是检查个人物品、整理器械及道具、组织学员写拓展心得、团队合影以及所有参与人员与教练合影留念等。扮演教练角色的教师需要对活动进行总结，为下次开展素质拓展以及其他老师开展素质拓展提供建议。

关于后续跟进，需要老师在日后的学习与生活中，根据实际情况对学生给予提醒，敦促其将所想所感应用到日常生活中；同时，在拓展结束之后的一段时间，制作拓展训练的宣传板、海报等，并将学员所写的拓展心得重新发放给学员，以唤起其对拓展的记忆，强化素质拓展效果。

2.4 拓展教练的注意事项

2.4.1 拓展教练的定位

拓展教练是拓展训练中负责引导的老师，主要在拓展训练的最后分享中，将拓展训练看做一面镜子，客观地总结出队员在训练中的表现。

事实上，在拓展训练面前，没有谁是真正意义上的老师，而"学来"的知识也是各有差别的。在不同的时间与不同的地点所发生的一切给了学习者各自感悟的机会，于是拓展训练的活动本身就是最好的老师。"干中学"淡化了老师的作用，老师从站在讲台上教知识走到了学生们当中，看着他们摸索，甚至在活动中和队员们一起分享，不知不觉地就被队员们给拓展了。

老师在素质拓展中的角色具体如下：拓展教练是活动的策划者，是场景的布置者；拓展教练是计划的执行者，是气氛的制造者；拓展教练是安全的监督者，是流程的引导者；拓展教练是矛盾的化解者，是知识的提升者。

在拓展训练的具体实施过程中，教师依据闭环式体验学习的方式应遵循 BODS 原则，即 Brief the activity（培训活动说明）；Observe the group（观察活动小组）；Debrief the activity（培训活动总结）；Safety issues（安全问题）。

2.4.2 拓展教练的常备物品

拓展教练应携带简易药箱与药品、深色太阳眼镜或墨镜、水壶、棒球帽或者穿越帽子、防晒霜、驱虫剂等,并保存好相关部门联系方式。

2.4.3 讲解方法

在拓展进行前,教练要作拓展讲解,讲解需进行教材准备,即选择正规出版社的教材,分为拓展教师用书和学员用书。拓展说明主要有三种方法:讲解法、示范法、示范与讲解结合。

1. 讲解法

教练向学生说明动作名称、要领和方法等的教学方法。教师带有启发性的讲解,不仅能使学生获得知识、了解动作的要领和方法,而且能促使学生进行思考,培养学生认识问题、分析问题和解决问题的能力。

讲解要注意时机和形式,讲解除集中进行外,还要加强个别讲解。

2. 示范法

教练通过具体动作范例,使学生直接感知所要学习的动作的结构、顺序和要领的教学方法。

除了教师亲自做示范之外,也可由动作掌握较好的学生做示范,这样不仅可以起到与教师示范的相同作用,还能增强学生学习的信心。如果有条件,还应利用直观教具(如照片、画片等)进行教学。但使用时要防止学生注意力的转移,或流于形式。

3. 示范与讲解结合

示范与讲解相结合,与学生练习相结合。示范与讲解相结合能使学生的感观(看到的)和思维(通过示范和讲解使学生思考动作的技术要求)结合起来,将起到更好的效果。

附录2-1 破冰游戏说明

1. 【串名字游戏】

游戏规则:

小组成员围成一圈,任意点一位学生自我介绍(院系、姓名),接下来学生轮流自我介绍,但是要说:我是某某后面的某某,第三名学生说:我是某某后面的某某后面的某某,依次进行下去……最后介绍的一名学生要将前面所有学生的院系、名字复述一遍。

这个游戏能活跃气氛,打破僵局,加速学生之间的了解。适合刚入校后学生相互不熟悉的情形下使用。

2. 【我是谁】

游戏规则:

(1) 教师发给每位学生一张A4纸。

(2) 学生两两分组,一人为甲,一人为乙(最好是找不熟悉的同学为伴):

① 甲先向乙介绍"自己是一个什么样的人",乙则在 A4 纸上记下甲所说的特质,历时 5 分钟;

② 教师宣布活动的规定,即自我介绍者在说了一个缺点之后,就必须说一个优点;

③ 5 分钟后,甲乙角色互换,由乙向甲自我介绍 5 分钟,而甲做记录;

④ 5 分钟后,教师请甲乙两人取回对方记录的纸张,在背面的右上角签上自己的名字,然后彼此分享做此游戏的心得或感受,并讨论"介绍自己的优点与介绍自己的缺点,哪一个较为困难?为什么会这样?个人会使用哪些策略度过这 5 分钟",两人之中须有一人负责整理讨论结果。

(3) 学生三小组或四小组并为一大组,每大组有 6~8 人:

① 两人小组中负责整理的人向其他人报告小组讨论的结果;

② 分享结束后,教师请每位同学将其签名的 A4 纸(空白面朝上)传给右手边的同学,而拿到签名纸张的同学则根据其对此位同学的观察与了解,在纸上写下"我欣赏你……因为……",写完之后则依序向右转,直到签名纸张传回到本人手上为止;

③ 每个人对其他组员分享他看到别人回馈后的感想与收获。

(4) 所有学生回到原来的位子:

① 教师请自愿者或邀请一些同学分享此次活动的感想与收获;

② 教师说明"了解真实的我"与"接纳真实的我"的重要性。

这个游戏旨在协助学生认识自己眼中的我,及他人眼中的我;同时增进学生彼此熟悉的程度,增加班级凝聚力。

3.【大树与松鼠】

这个游戏适合 10 人以上参加,时间为 5~10 分钟。

游戏规则:

(1) 事先分组,三人一组。两人扮大树,面对对方,伸出双手搭成一个圆圈;一人扮松鼠,站在圆圈中间;教练或其他没成对的学生担任临时人员。

(2) 教练喊"松鼠",大树不动,扮演"松鼠"的人就必须离开原来的大树,重新选择其他的大树;教练或临时人员就临时扮演松鼠并插入大树当中,落单的人应表演节目。

(3) 教练喊"大树",松鼠不动,扮演"大树"的人就必须离开原先的同伴重新组合成一对大树,并圈住松鼠,教练或临时人员就应临时扮演大树,落单的人应表演节目。

(4) 教练喊"地震",扮演"大树"和"松鼠"的人全部打散并重新组合,扮演"大树"的人也可扮演"松鼠",松鼠也可扮演大树,教练或其他没成对的人也可插入队伍当中,落单的人表演节目。

4.【交换名字】

游戏规则:

(1) 参加者围成一个圆圈坐着。

(2) 围成圆圈的时候,自己随即更换成右邻者的名字。

(3) 以猜拳的方式来决定顺序,然后按顺序来提出问题。

(4) 当主持人问及"张三先生,你今天早上几点起床?"时,真正的张三不可以回答,而必须由更换成张三的名字的人来回答:"嗯,今天早上我7点起床!"

(5) 当自己该回答时却没回答,不是自己回答却回答的人就要被淘汰。

(6) 最后剩下的一个人就是胜利者。

这个游戏在于考验人们的习性。平常对于自己的名字,可以说是耳熟不过了,但若临时更换名字,可就会觉得陌生了。

5.【缩小包围圈】

游戏规则：

(1) 让队员们紧密地围成一圈,包括你自己。

(2) 让每个队员把自己的胳膊搭在相邻同伴的肩膀上。

(3) 告诉大家我们将要面临一项非常艰巨的任务。这项任务是大家要一起向着圆心迈三大步,同时要保持大家已经围好的圆圈不被破坏。

(4) 等大家都清楚了游戏要求之后,大家一起开始迈第一步。迈完第一步后,给大家一些鼓励和表扬。

(5) 接着开始迈第二步。第二步迈完之后,你可能就不必费力去想那些表扬与鼓励的词语了,因为,目前的处境已经让大家忍俊不禁了。

(6) 迈出第三步后,其结果可能是圆圈断开,很多队员摔倒在地。尽管很难成功地完成任务,但是这项活动会使大家开怀大笑,烦恼尽消。

注意事项：

在迈第三步的时候尤其要注意,不要让有些队员摔得过重。如果参加人数较多的话,比如多于40个人,可能分成小组来做游戏会更好一些。也可以把队员们的眼睛都蒙起来做这个游戏。

这是一个不可能完成的任务,但是它会给游戏者带来无尽的欢笑。这个游戏旨在使小组充满活力,创造融洽的气氛,为后续培训活动的开展奠定良好基础;同时让队员们能够自然地进行身体接触和配合,消除害羞和忸怩感。

6.【炸药】

游戏规则：

(1) 让队员们每三人组成一个小组。

(2) 给每组发一个气球,让大家把自己的气球吹起来,不要把气球吹到轻轻一压就会爆的程度,让气球内的空气量达到其最大容量的75%即可。

(3) 让每个小组都面对面地围成一个紧密的圆圈。

(4) 让每个小组都把气球放到圆圈的中间,气球的高度与腰齐平。

(5) 让队员们向圆心的方向走,直到三个人能够用腹部夹住气球。然后,大家都要把手从气球上拿开,注意,不能让气球落地。

（6）告诉队员们他们的任务是走三步，并挤碎气球。第一个挤碎气球的小组将会获得特别奖励。

（7）如果有些小组始终不能挤碎气球，让那些成功地完成任务的小组过去帮助他们。

注意事项：

如果由两个人组成小组来挤气球的话，这会成为一种非常亲密的举动；为了加大游戏的难度，你可以让四个人一组来挤气球；可以蒙上队员们的眼睛，并且让大家保持绝对的安静，然后再按照上面的规则来玩这个游戏。

这个游戏旨在培养整体观念。

附录2-2 素质拓展项目说明

1.【信任背摔】

项目特性：团队合作项目

项目简介：每一位学生依次从一座高1.5米的背摔台上直身向后倒下，其他学生在背摔台下平伸双臂做保护。

项目目标：

（1）建立团队成员之间相互信任的基础；

（2）通过身体接触，打破大家之间的隔膜，使其尽快进入培训状态；

（3）学会换位思考；

（4）向自我挑战，提高心理素质，战胜恐惧；

（5）规范自我行为与社会、集体利益的关系。

注意事项：

（1）该项目的危险性大，所以一定要端正自己的态度，保持极高的警觉性，不得有一丝懈怠，以保证队友的安全；

（2）如身体出现异常（如脊椎错位），可告知教练视其伤病程度决定参加与否；

（3）队员熟记动作要领后，教练员检测每一组"人床"的力量，必须坚实有力方可通过；

(4) 所有队员进行项目前都要将身上的尖锐物品(如眼镜、发卡、手表、钥匙、戒指等)放在一边,完成项目后再取回。

2.【求生电网】

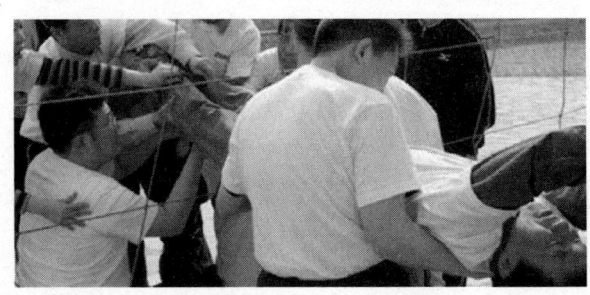

项目特性:团队合作项目

项目简介:在全体队员面前悬挂一张"电网",网上的洞口大小不一,要求学生在40分钟内,从网的一边依次通过到达另一边。在此过程中队员的任何部位都不允许碰网,否则洞口将被封闭,每一洞口只能过一人次。

项目目标:

(1) 确立方案,明确分工,有效的组织协调是团队成功的关键。

(2) 有效地利用并搭配资源是团队成功的保证。

(3) 相互协调和精心操作,才能保障计划的顺利实施。

(4) 感受面对困难时应有的态度和做事方式。

(5) 摆正个人在团队中的位置(角色定位)是团队成功的基础。

注意事项:

(1) 保护好第一个和最后一个通过的队员。

(2) 保护垫子跟随被运送队员移动。

(3) 教练站在人数少的一边,随时观察队员状态。

3.【盲人方阵】

项目特性：团队合作项目

项目简介：所有队员在被蒙住眼睛的环境中(盲人)，在40分钟内把一团绳子拉成一个最大的正方形，并将所有队员平均分配到正方形的四条边上。

项目目标：

(1) 领导在实现团队目标中的重要性。

(2) 策划、组织、协调是实现目标的重要手段。

(3) 有效地沟通是实现团队目标的必要条件。

(4) 对"方法"的重新认识。

(5) 必要时的沉默(沉默理论)。

注意事项：

(1) 提醒队员在摘眼罩时要按教练要求的步骤先闭眼再摘眼罩，捂住眼睛再缓缓地睁开眼睛。

(2) 提醒队员在戴眼罩前注意四周地形。

4.【鳄鱼潭】

项目特性：团队合作项目

项目简介：所有队员站在两块10米长的模板上，两块模板架在三个高1.2米的铁桶上，人不准落地，模板不能落地，在40分钟内移动铁桶和模板到10米的距离。

项目目标：

(1) 总结提高集体决策的质量。

(2) 促进团队的沟通和理解，增强团队凝聚力。

(3) 体会创造性和前瞻性思维的绩效。

(4) 体会有意见分歧时的解决方式和遇到挫折时的态度。

注意事项：

(1) 板上人数要求：8人≤板上人数≤13人，若队员超过13人，可安排体重较大的队员在下面参与保护，若有队员体重超过100公斤，无论总人数是否超过13人，都不应安排该学员上板。

(2) 监控队员依次上板，先坐在板上然后站在板上，严禁一哄而上；下板要求一样。

(3) 板上严禁跳跃，同时注意提醒队员换位姿势。

(4) 主力队员须戴手套,移动木板时要慢起慢落,手放板沿,送一点移一点,防止木板上翘。注意防止队员的手脚等身体部位被桶和木板挤伤,或撞到其他队员;

(5) 不允许用跷跷板的方式。

5.【有轨电车】

项目特性:团队合作项目

项目简介:11名队员两脚分别踩着两根长3.6米、宽0.15米的木板,手提两根与木板连接的绳子,按照教练的命令前进或后退。

项目目标:

(1) 体会良好的沟通对团队合作的重要性。

(2) 感受个人目标的实现有赖于团队目标的实现。

(3) 团队目标的实现需要团队中的每个人发挥各自的作用。

(4) 个人在组织中起积极作用时也许不明显,但一旦起破坏作用,对组织的危害就非常大。

6.【孤岛求渡】

项目特性:团队合作项目

项目简介:掌握不同资源的各位队员,站在不同的三座小岛上,通过相互间的组织、协调与配合,共同完成组织目标。

项目目标：
（1）领导管理的角色意识，合理分工。
（2）分清主要目标与次要目标。
（3）主动沟通，双向沟通。
（4）突破思维定式，充分利用规则。
（5）确立整体观念，打破部门利益的樊篱。

7.【智闯雷阵】

项目特性：团队合作项目
项目简介：全体队员利用40分钟的时间，依次通过由120个方格组成的模拟雷区。
项目目标：
（1）谋在事先的办事程序。
（2）突破思维定式。
（3）团队学习的重要性。
（4）培养服从指挥、一丝不苟的工作态度。
注意事项：
（1）控制场面很重要，要队员认真、投入，并遵守纪律和项目要求。
（2）参加的同学在做标记时，禁止其在雷阵图上面划痕迹。
（3）项目结束后老师应及时带领队员将场地上的标记物清除干净，并清扫干净场地。

8.【齐眉棍】

项目特性：团队合作项目

项目简介：参训人员一起把长约 4 米的木棍抬到指定位置,再一起放下。

项目目标：

(1) 公司各个部门整体目标的达成需要在整体目标的统领下共同努力。

(2) 在工作中,既需要找准自己的定位,也要配合整体的步伐。

(3) 靠心灵的默契达成领导与服从的关系。

(4) 每个人一生都在寻找重要感,谦让了别人的同时也成就了自己。

9.【翻叶子】

项目特性：团队合作项目

项目简介：全体队员站在一块"叶子"上(用帆布做成),共同把叶子翻过来,队员不得触及地面并在规定时间内完成。

项目目标：

(1) 通过群体的支持,在极度困难的情况下完成组织目标。

(2) 体会团结一致对实现目标的重要性。

(3) 通过身体的接触来实现情感沟通。

注意事项：

(1) 根据人数多少给予大、中、小的塑胶帆布。

(2) 活动要求地面平整开阔,两米范围内没有硬物。

(3) 强调队员在项目实施中注意安全,不要踢伤"翻树叶"的队友。

(4) 尽量避免队员踩在队友的脚上保持平衡,坚持不住的队员要及时报告。

(5) 活动之初要严格要求,队员在"翻叶子"时候手指触地要重新开始。

(6) 控制活动的难度,尽量让队员经过努力后完成项目。

(7) 要强调安全规则,确保队员安全。

10. 【潭中取宝】

项目特性：团队合作项目

项目简介：有一个半径为 3 米的"深潭"（模拟），潭内有"鳄鱼"，团队成员利用一根 25 米长的绳子，从潭的中央取出能打开宝箱的钥匙，人触及潭面或落入潭中将被"鳄鱼"吃掉，不能帮助团队继续完成任务。

项目目标：

（1）通过团队成员共同完成任务来体会团队合作的重要性。

（2）学习如何分配资源，合理利用资源，用最小的消耗达成目标。

（3）通过对任务的计划、策划、决策和实施来学习管理流程。

（4）学习如何倾听他人的设想和意见，以达到健康、良好的沟通效果。

（5）培养团结一致、相互鼓励、克服困难的团队精神。

附录 2-3　穿插小游戏说明

1. 【撕纸游戏】

游戏目的：了解沟通的意义和效果。

游戏简介：

撕纸游戏是一种创新游戏。我们在平时的沟通过程中，经常使用单向的沟通方式，结果听者总是见仁见智，个人按照自己的理解来执行，通常都会出现很大的差异。但使用了双向沟通之后又会怎样呢，虽然有改善，但差异依然存在，并增加了沟通过程的复杂性。这说明作为沟通的最佳方式是根据不同的场合和环境而定的。

时间：5—10 分钟。

游戏规则：

（1）请辅助人员给所有的学员发一张纸，听从教练指令，任何队员都不能发声（可以要求学员闭上眼睛）。

（2）教练引导队员将纸对折一下，然后再对折一下，撕去右上角一个角，然后转动 180

度,再将手中所拿纸的左上角撕去,然后把纸打开。教练会发现很多队员的图形和教练所折的图形是不相同的。

(3) 再发给每位队员一张纸,重复上面的动作,只不过这次允许队员在做的过程中可以向教练发问,并提出自己的一些疑问或不清楚的地方。例如,问清楚对折是横折还是竖折、折过后的开口朝哪个方向等。在此基础上做完全过程,然后要求队员将纸打开。将教练手中的纸所打开的图形与队员手中的图形作比照,会发现图形不一致的现象依然存在,但较上次少了许多。

(4) 引导队员探询结果不一致的原因。

分享重点:

(1) 完成第一步之后可以问大家,为什么会有这么多不同的结果。

可能答案:第一次是因为队员不许问问题,所有的信息都是教练传达给我们,因而是单向沟通。而在单向沟通的过程中最容易发生沟通不畅,产生误解。教练虽然说得很清楚,但队员未必都听到了;或者即使听到了,但也未必听懂了,所以呈现的结果会很不一致。

(2) 完成第二步之后再问大家,为什么还会有误差?

可能答案:第二次时允许队员在游戏的过程中提问,这较以前是进步了,这是双向的沟通。但有些队员仍然会出现与教练不一致的地方,是因为队员没有抓住关键点的信息,例如,对折后开口朝哪个方向等。也就是说在沟通的过程中,无论是信息的发布者还是信息的接受者都要把握好关键的信息。任何沟通的形式和方法都不是绝对的,这也印证了"沟通无极限"的道理。

2.【报数游戏】

游戏目的:找到赢的关键。

时间:15 分钟。

游戏规则:

(1) 两人分为 A、B 角色,共执行六个回合,每回合先后顺序互换,每人各有三次先开始的机会。

(2) 两人从 1 开始依次报数,每次可选择说一个数字或两个数字,谁使对手数出 21 谁就赢得比赛的胜利。

分享重点:

(1) 赢的关键点在哪里?

(2) 目标的达成是有步骤的,每个步骤就等于关键,每个步骤都做到,目标自然就完成。

3.【我是一个大茶壶】

游戏目的:活跃气氛,主要用于对游戏失败方的娱乐性惩罚。

时间:15—20 分钟。

游戏规则:

(1) 游戏中胜负双方面对面地依次站好,要求失败方的队员每人造一个 ABB 型的词组,例如,"绿油油"、"黑乎乎"、"胖嘟嘟"等,前面队员说过的词语后面队员不可以重复,胜利方的队员应记清楚对面队员说过的词语。

(2) 教练做示范动作,摆出一个"茶壶"的造型,要求失败方的队员先面向大家扭动臀部说"我是一个大茶壶",然后跳转身背对大家扭动臀部再说"我的屁股 ABB"(ABB 为刚才自己选择的那个词语)。

4.【速度传球】

游戏目的:锻炼团队合作,打破思维定式。

时间:15 分钟。

游戏规则:

(1) 每队发一只乒乓球,要求队员在最短时间内让乒乓球依次经过所有队员的双手完成传递。

(2) 游戏可以分几轮进行,要求队员不断挑战之前的传递速度记录,最终挑战 1 秒钟之内完成传递。

分享重点:

(1) 团队成员在开始时是否想到能够在 1 秒钟之内完成传递?

(2) 在不断提升的要求压力之下,团队如何不断突破已有的思维模式达成目的?

5.【拍手掌】

游戏目的:突破思维局限,发挥潜能。

时间:5 分钟。

游戏规则:

(1) 教练首先启发队员:"鼓掌是一个人人都会的动作,但是你有没有想过,在 1 分钟之内你最多可以拍多少次手掌?"首先鼓励同学发挥想象回答问题。

(2) 接下来,教练告诉队员:"大家给出了很多答案,现在我们开始进行一下实际测试,看看我们 1 分钟究竟可以拍掌多少次。"计时开始后,要求大家尽全力开始鼓掌,约进行 15 秒钟时教练喊停,让大家报出自己鼓掌的次数,并找到鼓掌最多的人。

(3) 教练继续询问队员:"大家知道刚才我们一共用了多少时间吗?"在告诉大家时间之后,再启发大家思考在考虑到体力的因素下 1 分钟可以鼓掌多少次,为什么我们实际做到的与我们想象的会有这么大的差距,在实际的生活和学习中有没有类似的情况,等等。

附录 2-4 拓展故事

拓展故事 1【禅学故事之茶杯的故事】

有一个学富五车的聪明书生去禅院向和尚学习佛法,和尚尽其所能为书生讲解佛法,并让书生随意阅读佛经。

已近半月,这位自恃聪明的书生仍未能参悟佛法一二,总觉得与其已有的思想格格不入,他以为是和尚不愿教他,有所隐藏,于是便去质问和尚。

和尚笑着请他坐下,说:"书生莫急,饮杯茶先。"

于是和尚帮书生斟茶,直到茶杯水满溢出,和尚仍是在斟,似若未知。

书生急道:"禅师,茶满了,满了。"

和尚捋须微笑道:"对呀,你的脑中已装满学问,已先入为主,又岂能容下佛法,又岂能参悟佛法呢?"

书生听罢,豁然开朗,心中顿如一片明镜,参悟无上佛法。

【故事分析】 这个故事用于现实生活之中仍是至理。对人对事应抛开先前的思想和成见,以客观态度对待,这样才能正确理解或判断某人或某事的对或错。在素质拓展过程中,要以开放的心态对待自己,展现真实的自己,同时也要用客观的心态去对待他人。

拓展故事2【小河的重生】

有一条小河流从遥远的高山上流下来,经过了很多村庄与森林,最后它来到了一个沙漠。它想:"我已经越过了重重障碍,这次应该也可以越过这个沙漠吧!"

当它决定越过这个沙漠的时候,它发现它的河水渐渐消失在泥沙中,它试了一次又一次,总是徒劳无功,于是它灰心了,"也许这就是我的命运了,我永远也到不了传说中那个浩瀚的大海"。它沮丧地自言自语。

这时候,四周响起了一阵低沉的声音,"如果微风可以跨越沙漠,那么你小河流也可以"。原来这是沙漠发出的声音。小河流很不服气地回答说:"那是因为微风可以飞过沙漠,可是我却不行。"

"因为你坚持你原来的样子,所以你永远无法跨越这个沙漠。你必须让微风带着你飞过这个沙漠,到达你的目的地。只要你愿意放弃你现在的样子,让自己蒸发到微风中。"沙漠用它低沉的声音说道。

小河流从来不知道有这样的事情,"放弃我现在的样子,然后消失在微风中?不!不!"小河流无法接受这样的建议,毕竟它从未有这样的经验,叫它放弃自己现在的样子,那么不等于是自我毁灭了吗?"我怎么知道这是真的?"小河流这么问。

"微风可以把水汽包含其中,然后飘过沙漠,到了适当的地点,它就会把这些水汽释放出来,于是就变成了雨水。然后这些雨水又会形成河流,继续向前进。"沙漠很有耐心地答道。

"那我还是原来的河流吗?"小河流问。

"可以说是,也可以说不是。"沙漠回答:"不管你是一条河流或是成为看不见的水蒸气,你内在的本质从来没有改变过。你之所以会坚持你是一条河流,是因为你从来不知道自己内在的本质是什么。"

此时小河流的心中,隐隐约约地想起了自己在变成河流之前,似乎也是由微风带着自己,飞到内陆某座高山的半山腰,然后变成雨水落下,才变成今日的河流。于是小河流终于鼓起勇气,投入微风张开的双臂,消失在微风之中,让微风带着它,奔向它生命中(某个阶段)的归宿。

我们生命的历程中往往也像小河流一样,需要跨越生命中无数的障碍,需要做出某种程度的突破,更需要有"放下自我(执着)"的智慧与勇气,才能迎接未知领域的挑战。也许你可以尝试着问自己:"我的本质是什么?紧握不放的是什么?追求的又是什么?"

我曾经在培训中使用过这个小故事,我用几张黄色粗糙的厕纸铺平在桌面充当沙漠,再举起盛满水的杯子问大家,杯里的水(小河)要如何穿越"沙漠"?在大家争相回答挖地道或绕道时,我将少量水浇在厕纸上,水立刻被厕纸吸收……然后再娓娓道出小河流的故事,听者无不印象深刻。

【故事分析】 成功实现个人的价值很有可能会凝固为一成不变的教条式规则,每个人都认为这是不可以改变的。一旦这样的情况发生,便不再有感召的作用,也不再拥有灵感和创造力,而是僵化为一层坚硬的外壳,封闭自我。一个人成长的环境是不断变化的,从高中到大学就是变化的一种情况,个体必须首先认识到自己需要采取必要的措施来应对环境的变化。

第3章 我的大学生活

引 言

　　大学生活只有短暂的四年,但这四年却是人生非常重要的一个阶段。要让这四年成为丰富多彩的、终生难忘的四年,作为大学新生的我们就应该对自己的大学生活有个充分的认识和了解。

　　刚进入大学时,新生会感觉大一与高三相比简直有天壤之别:高三生活两点一线,写不完的作业、背不完的书,如同一只拧紧的陀螺;而大一新生学习压力小,又没有家长和老师的监督,如同一只放飞的小鸟。进入大学后,大学的生活环境相对高中生活来说发生了巨大的变化,没有了父母、老师每日的悉心照料和严格要求,大学期间几乎所有的事情都需要由自己独自处理,可谓实现了真正的"自由"和独立生活,这种自由会让大学生感觉"不知所措",慢慢地生活开始变得懒散。在此就要求大学生们要学会独立生活,从容应对。

　　项目组邀请山东财经大学几位刚刚度过大一生活的学生,回顾过去的一年,并展望未来,分享其对大学生活的规划(详见附录)。从这几位同学的发言中可以发现,他们或多或少地都透露了对大学四年生活的茫然,学习目标相对模糊,没有清晰的职业规划,更多的是"当一天和尚撞一天钟"。有的同学将通过英语四六级、考取"人力资源管理师"等资格证书作为自己大学四年的主要奋斗目标,可曾想这些证书在四年学业中只是分量很小的一部分,最重要的应该是如何通过四年的学习,在自己的专业领域中有所"建树",为自己以后的职业发展打下坚实的基础!

辅 导 目 标

　　本章将主要围绕个人生活、学习生活和社会生活三个方面展开辅导。通过本章的学习,学生要重点掌握如何制订合理的学习规划、如何选择和参与社团以及如何开展有意义的社会实践活动;掌握使用图书馆和网络资源的方法;了解宿舍生活、班级生活和理财的相关技巧,学会合理安排作息时间和课余时间,提高安全意识。[1]

3.1 个人生活

3.1.1 学会理财:掌管好自己的"小金库"

虽然从参加高考到进入大学,只有几个月的时间,但大学新生的生活费却是成倍地增长。曾有同学说过,以前在高中的时候每月零花钱只有一二十元,上大学时家里都要给几千元的生活费(供一学期用),这对他们来说简直是一笔"巨款"。刚进入大学时,同学们都没有太多"理财"的经验,有的同学在最初的时间里花钱大手大脚,逛街、旅游、聚餐……不到学期末就把钱花得差不多了,以后的日子只好节衣缩食,或向同学借,或向父母索要……整得自己十分狼狈!因此,大学新生要树立"理财"观念。在刚入学的两三个月中,有计划地进行消费:在生活中,明确哪些开支是必需的,哪些开支是完全不必要的,哪些是可有可无的。总之,钱要花在刀刃上,避免完全不必要的消费,可花可不花的尽量少花。尤其要根据父母的经济能力和自己"勤工俭学"的能力来进行日常消费,切不可盲目攀比。

对于大学新生来说,一个比较有效的理财方法是首先制订一个学期的"消费计划",据此在每月月初再制订一个切实可行的"消费计划",并且要尽量按照计划执行,将多余的钱存入银行或是进行一些小的投资等(前提:要留够一到两个月的花费,以备不时之需)。

3.1.2 合理安排作息和课余时间

良好的生活习惯是确保顺利、成功度过大学阶段的一个重要基础。为了使自己的大学生活过得充实,从进入大学开始,各同学就应切实重视这个问题,培养良好的生活习惯,并防止不良生活习惯的形成。

(一)养成良好的作息习惯

1. 按时作息,养成早睡早起的习惯

大多数学校的公寓每晚 11 点准时熄灯,有的同学精力旺盛,习惯在晚上卧谈、上网,甚至熬夜苦读至深夜两三点,结果第二天上课时非常疲惫,根本无心听课,有时干脆旷课,在宿舍里补足睡眠。长此以往,不仅影响学业,还容易引起失眠,并影响同宿舍其他同学的休息。一般晚睡的同学会晚起,一个直接的影响是饮食不规律:由于起床较晚,来不及吃早饭便去上课,有的索性长期取消了早饭,有的则在课间随便吃些零食,长期如此,身体肯定受到影响。据专家介绍,目前在很多四十岁左右心脏有问题的人群中,有相当大的一部分人是由于长期不吃早饭或早饭不规律造成的。

2. 坚持体育锻炼

"文武之道,一张一弛",学习之余参加一些文体活动,不但能够缓解刻板紧张的生活,还

---

[1] 刘宣文:《学校发展性辅导》[M],人民教育出版社,2004。

可以放松心情,有助于提高学习效率。听音乐、跑步、做广播体操、踢足球等都有助于增强体质,提高对疾病的免疫力,这是一种积极的休息。大学里有丰富的运动设施,例如,体育馆、游泳馆、篮球场、足球场、网球场等,同学们要合理利用。

3. 远离不良生活方式

由于没有监督,有的同学一进大学就开始放松对自己的要求,沾染了吸烟、酗酒、通宵泡网吧等不良生活方式。其实大学并不是学习的终点,而是一个新的起点。这些不良生活方式将成为大学生求学道路上的一大障碍,对自己的将来也会产生巨大的影响。

有的学生自制力强,也有的自制力差。曾经有几个学生因沉溺于网络无法自拔,他们中大多是通宵达旦地上网,寻找各种理由逃课,甚至拖欠学费将其用于上网。图3-1是大四学生因其痴迷网络游戏,将大学四年中大三和大四的学费用于上网,最终无法完成学业而自愿写的一张放弃论文写作和论文答辩的字条,这也意味着他将无法拿到本科毕业证和学位证,将大学四年时光付诸东流,将人生最美好的青春年华挥霍一空!

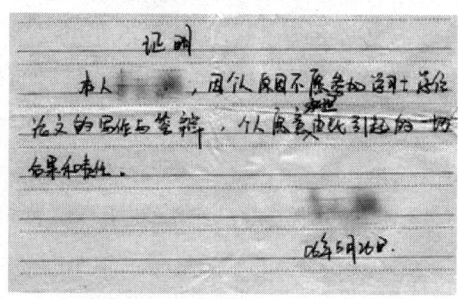

图 3-1 放弃学位声明

(二) 课余时间开拓特长

大学校园与中学校园一个显著的区别就是大学的课余生活丰富多彩。除了日常的教学活动之外,还有各种各样的讲座、讨论会、社团活动等。这些活动对于大学新生来说,的确是眼花缭乱的,因此对于如何安排课余时间,大学新生常常心中没谱。

要合理地安排课余时间,首先要对自己在近期内的活动有一个理智的分析[①],看看自己近期内要达到哪些目标,各种活动对自己发展的意义大小如何等。然后作出最好的时间安排,并且在执行计划中不断地修正和发展。大学新生要善于利用课余时间,开展一些有益的文娱活动,如唱歌、跳舞、下棋等;尽量培养多种兴趣爱好,陶冶情操,使课余生活充实丰富。大学时最好拥有一项或多项自己擅长的爱好,这不仅有利于建立自信心,还能增强社会适应能力。

另外,最好能专门制订一份休闲计划,对一些较重大的节假日和休闲项目作出妥善的安排,使休闲和学习有条不紊地交叉进行,使身心得到有效的放松和调适。

---

① 杨美玲、华丽、李爱华:《大学生课余生活调查分析与对策》[J],《黄河科技大学学报》,2009(01)。

3.1.3 提高安全意识

（一）当代大学生安全意识现状

1. 大学生安全意识低

从大学生自身角度来分析，他们生理发育基本成熟但心理发育滞后，个性趋于定型，但可塑性大，具有人生观不明确、做事麻痹大意、法制观念淡薄、遇事欠思考、社交需求强烈但经验不足等特点，这使得大学生必然面临诸多安全问题的困扰。

2. 大学生安全防范能力差

当前，许多大学生不但安全意识低，而且缺乏安全防范能力。很多学生不知道教学楼和宿舍的灭火器在哪里，不知道如何使用灭火器，并在遇到安全事故时表现不沉着、不冷静，造成一些本可避免的损失。甚至有的同学在寝室里使用"热得快"、电炉等大功率违章电器，给宿舍带来很大的安全隐患。

3. 大学生安全教育滞后

目前，一些高校对大学生安全教育的认识滞后于形势的发展，不能深刻地认识到加强大学生安全教育与培养高素质合格人才的关系。当前，许多高校对在校学生的安全教育不重视或重视不够，领导机制不健全，在进行必要的安全教育时也没有统一的规划，最终导致大学生安全教育流于形式。

（二）提高安全意识的方法

1. 提高人身安全意识

现阶段，针对大学生的刑事案件时有发生，尤其是利用网络工具（如QQ、微信等现代通信工具）对大学生进行诈骗、勒索、抢劫等，这些已经成为威胁大学生人身安全的最大隐患。因此，大学生要牢记校纪校规，杜绝晚归或夜不归宿，做到外出结伴不独行；针对网络上结识的所谓"朋友"，做到"害人之心不可有，防人之心不可无"，不给犯罪分子提供任何作案机会。

2. 提高财产安全意识

有的学校附近人员构成复杂，各类人员鱼龙混杂，小偷小摸时而有之，再加上一些学校管理不严，这给了盗窃分子可乘之机。诸如学生在教室自习过程中，书包、手机、笔记本电脑等贵重物品不翼而飞的现象时有发生。这些现象绝大多数是犯罪分子乔装打扮成学生或伪装成学校工作人员进入学校教室或学生宿舍，对学生的贵重物品顺手牵羊。针对这种情况，各高校纷纷加大了安保力度，在学校教室、学生宿舍等公共区域安装了摄像头，有效地杜绝了此类案件的发生，但关键的还是学生自身提高安全防范意识，对身边出现的陌生可疑人员加强警戒，如遇特殊情况及时报警。此外，很多大学生思想单纯，社会经验不足，其勤工助学的迫切心理易被不法分子利用。

3. 提高精神安全意识

"精神安全"主要指人的心理健康，不少学生感觉工作学习压力大，也有不少学生患有心理疾病,诱发原因包括学习时间长、竞争激烈等,这表明"精神安全"也是我们大学生不可忽视的一个方面。

案例 3-1

某校女大学生金某被自称"研究生"的一对男女骗走了 1 200 元。事情经过如下:一天中午,金某在食堂附近被一陌生女子叫住,问能否到食堂给她买一顿饭吃,金某没有理睬,想要离开,陌生女子拉住金某讲述了自己的"遭遇"。她自称北京某大学的研究生,到大连考察实习,一同来的还有一名男生,在火车上他们所有的东西被偷,身无分文,连吃一顿饭的钱都没有了。金某很同情他们的"遭遇",到食堂为他们买了饭。在吃饭的过程中,她们谈得很投机,陌生女子提出借 2 000 元钱,金某有些犹豫,陌生女子说如果不信可以给他们的导师打电话,金某打通电话后,确实有一位自称他们大学导师的人接听了电话,并把姓名、联系地址留给了金某。这两个人还说可以留下 3 000 多元的手机作抵押,回到北京后马上给金某汇款,并留下双方通信方式和地址。金某碍于情面,没要任何抵押,就把 1 200 元借给了他们。三天后,金某再拨电话已无法拨通,这才方知受骗,到校公安处报了案。

资料来源:http://www.we54.com/index/sytj/left/jy/201009/06-86102.html,此处已作修改。

【案例点评】 当今社会,骗子们的"伎俩"层出不穷,大学生生活环境相对单纯,很容易被骗子们盯上,给骗子们留下可乘之机。请同学们不要相信陌生人的花言巧语;警惕陌生人的求助,感性不要胜过理智;不要相信所谓的物品抵押,要切实加强自身的安全意识。安全意识形成的意义就在于真正让大学生安全了,让大学生从源头上防止安全事故的发生。有了安全意识,懂得保护自己,就是在未来的成长道路上加了一层保护网。

3.2 学习生活

3.2.1 大学的学习准备与规划

大学里的学习与高中是截然不同的,大学的环境、知识层次以及社会接触面都与高中有很大的区别。①

1. 学习方法的转变

相较于高中"残酷式"的学习,大学的学习似乎轻松许多,大学不再天天上课,也不再有老师的耳提面命、家长的天天唠叨,那大学生应该如何面对大学的学习? 这需要大学生改变

---

① 李赫:《大学生如何过好四年》[M],河南人民出版社,2003。

学习方法,转变学习态度,首先对大学的学习有个清醒的认识,给自己一个准确的定位。大学教给大学生最多的不是知识而是学习的方法。

2. 注重自我学习

大学课堂的时间是较少的,不用天天"鏖战"在教室里,但是大学生能否适应大学的教学方式?在课堂之外,大量的"空余时间"该如何合理安排?这就需要大学生加强自我学习,提高学习能力,充实自己的学习生活。

3. 注重知识体系的构建

大学学习的不仅仅是专业知识,更是多种知识的大熔炉,许多知识在大学汇聚;没有班级的限制,没有专业的局限,大学生甚至可以跑到其他专业班级的课堂上课。但是大学期间应尽早找到自己感兴趣的专业方向,从专业的基础知识开始,一点点积累,将学习的专业知识连贯起来,形成自己的知识体系。

4. 学习规划以求职为导向

学生时代应以学习为主,但是也应注重社会实践能力的培养。在大学学习阶段,应注重理论在实践中的运用,可以结合自己未来的求职方向有目的地制订自己的学习规划;可以结合自己的专业考取相关证书(如英语等级证书、计算机等级证书、人力资源管理师、物流师、理财规划师等),为以后求职做好准备。

虽然只有短短的四年,但这四年的学习生活是最重要的,大学生又是打算如何规划自己的学习生活呢?下面我们通过几个案例来进行说明。

案例3-2

小张作为一名企业管理专业的学生,在大一时,通过详细的自我个性分析、社会环境分析、专业特征分析和就业前景分析,确定了自己的职业生涯目标——成为一名优秀的区域营销经理。在细化各阶段目标后,小张要求自己在大学毕业时成为一个有一定经验的市场营销人员,并据此对自己大学阶段的学业生活进行了详细规划。

1. 大学二年级

	知识方面	能力方面
目标	学习TOEFL课程,准备考试和通过英语六级考试(CET-6) 选修2—3门选修课,读10本书(主要是专业课相关书籍) 提升英语听说能力 保证公共课每一门成绩高于85分,专业课成绩高于90分	提高领导和组织能力 准备暑假社会实践 继续参加学生会 进一步熟悉和了解同学,与本专业的老师建立良好的关系 进一步锻炼自己的写作和口头表达能力

（续表）

	知识方面	能力方面
具体措施	每天早上六点半出门读英语、背单词（早上、中午和晚上各半个小时），晚上练习听力半小时，参加补习班，做TOEFL、英语六级试题 课前预习，课堂认真思考，当天完成作业，周末阅读相关书籍（每门学科2—3本） 去英语角，找外教交谈，听听力材料（包括英语广播和电影） 开始学习写学术论文，搜集感兴趣的课题	竞选班干部，和班级同学多沟通 参加演讲比赛 与专业老师沟通 竞选部长 搜集社会热点话题，选择暑假社会实践课题，完成计划书 去文学院、教育学院等听课，完善知识结构

2. 大学三年级

	知识方面	能力方面
目标	参加TOEFL考试和计算机二级考试 参加GMAT/GRE考试 开始写一些专业论文，找老师参与项目的研究 每门课成绩高于90分 读专业书籍20本 继续选修心理学课程 进一步提升英语听说能力	积极参加院里组织的活动，与院里的同学多交流 做一些社会兼职，与社会接轨，增长经验 开始查阅新加坡研究生院的信息 进一步锻炼自己的写作和口头表达能力 实践咨询服务
具体措施	参加计算机二级培训班，勤做题 参加新东方TOEFL、GRE/GMAT培训班 每天早上六点半出门读英语，背单词（早上、中午和晚上各半个小时），做历届考试真题 课前预习，课堂认真思考，当天完成作业，周末阅读相关书籍（每科2—3本） 广泛阅读专业书籍和社会热点报刊	参加院里的相关比赛 与院里同学交谈，交流思想 做推销员、实习生等社会兼职 做就业中心和心理咨询师的学生助手 参加一些技能培训班 通过网络和书籍，了解留学信息

3. 大学四年级

	知识方面	能力方面
目标	联系新加坡的研究所，确定毕业后的发展路线 继续选修心理学课程 实习 每门课成绩高于90分 继续写专业论文，与老师共同完成项目的研究 准备和撰写毕业论文，准备毕业	继续做一些社会兼职，与社会接轨，增长经验 为大学留一些美好的回忆 积极参加学院和学校的活动，珍惜最后一年与大学同学在一起的时光 总结大学四年的得失，制订未来的发展路线
具体措施	上网查阅国外研究所的相关信息，与国外老师联系 找教授写推荐信 联系公司实习，做兼职 课前预习，课堂认真思考，当天完成作业，周末阅读相关书籍（每科2—3本） 广泛阅读专业书籍（国内外）、社会热点报刊	多与同学老师交流，珍惜大学的最后一年 参加学院和学校的各类文体活动，写些文字以纪念大学生活 回头看看走过的路，对照计划进行评估 调整未来发展的道路 做一些想做但仍没有做的事情

资料来源：http://wenku.baidu.com/view/95bbfe1e10a6f524ccbf855d.html，并稍作修改。

【案例点评】　为了实现理想和目标,需要从当下开始,对自己四年的大学生活进行详细的规划。也许你会觉得计划赶不上变化,也许你会觉得还没有足够的知识储备去规划人生,但请相信,只有放手去做,理想才不会遥远;只要放手去做,目标一定会实现。从上面的案例不难看出,大学生具体的学习内容主要包括:专业课程的学习、第二专业课程的学习和兴趣专业的学习。这些课程的学习应该根据自己的精力和时间进行合理的时间分配,否则可能会出现顾此失彼的现象。比如,有的学生选修了一些课程,在上课的过程中发现自己第二专业的课程与选修课上课时间冲突,最终只能这边请两天假,那边说有事,最终什么课程也没有学好!

针对相关课程的学习,我们提几点建议:

1. 树立专业学习目标,制订适合自己的学习计划(周计划、月计划、年计划)。
2. 大量阅读专业书籍,扩充专业基础知识。
3. 利用身边各种资源(网络、上课老师、导师),提高自己的专业素养。

案例3-3

李某,原山东财政学院人力资源管理专业毕业生,现任职于北京一家咨询公司的市场部。以下为对他的采访口述。

对于大学生活,看似每个人都一样,都有四年的时间可以挥霍;当身处其中的时候,没有人会意识到过去某个看似平常的一天,对你我来说意味着什么,但当走出校园走入职场或者说将要走入职场的时候,你会发现:就是那一个个看似平常的一天,让你我从此的道路不再一样,或者说相差甚远!

记得在接受公司的创始合伙人面试的时候,他问过我一个这样的问题:"你觉得你跟同龄人相比,你有什么优势?"我是这样回答的:"我一直以来都知道自己在每个阶段想要的是什么,比如我最近在找工作,我很清楚自己想去什么样的公司,做什么类型的工作,而且我之前的大学生活都在为此做准备,比如……"

在四年的大学生活里,我不是班里成绩最优秀的,虽然得过第一,拿过一等奖学金,但也同样会有连二等奖学金都拿不到的时候。与很多调剂到这个专业的同学不同,我是自己选择了这个专业,因而在后来专业课学习和求职的时候,都会有很高昂的热情。我没有逃过任何一节专业课,每次专业课一定要争取坐在很靠前的位置,而且要求自己跟每一个专业课老师都有很好的互动。因为了解到人力资源管理是一个实践性很强的专业,所以,我会要求自己抓住一切可能的机会实践自己学到的专业知识。当老师提出他那边有一个去协助招聘的机会时,我一定会第一个去争取,而且争取做这次活动的负责人!

商业敏感度,对于很多在校的大学生来说,或许是一个陌生的词汇,当然,对于当时的我来说也很陌生。但后来的实践证明,我之所以找到一份自己满意的工作,与这个词有很大的关系。四年的时间里,我做了很多在别的同学看来并非主流的活动,但这些却提升了我很多方面的技能。我没有参加学生会主流的部门,而是根据自己的喜好参加了女生部,第一年负责执行了学院模特大赛的很多事务性的工作,这让我学会注重细节,认真对待每一项看似简单的工作;第二年统筹负责从比赛创意到外联赞助、组织训练、人员分工等所有的事务,当然我的能力也有了很大的提升,最终,我们也取得了很好的名次!我会去努力争取做低自己两级的师弟师妹的代理班主任,只是希望自己可以站在更高的层面上看问题、处理问题,帮助他们相对顺利地完成从高中生到大学生的过渡,对他们那段时间的学习和生活负责,带领这个班级去争取属于他们的荣誉,而这段经历对我的锻炼是学生会或者其他社团活动无法做到的。

沟通能力、协调能力、组织能力、应变能力、责任心这些词语或许会出现在很多应届生的求职简历上,但又有多少人真正去锻炼并初步拥有了这些能力?我曾经问过自己,要有多少次与老师和其他年长者的交流,才可以让我做到在刚刚入职以后就能从容地同一个拥有几十年职场经历的人交流并向他介绍我设计的项目,让他愿意信任我,并把工作交给我?从什么时候开始,我开始对自己负责的事情要求尽善尽美,在执行之前考虑到所有的细节,并制定相关预案以防止意外的发生,从而让自己还在实习的时候就可以配合一名同事完成了被他评为最具实施难度的项目?从什么时候开始,我学会敏锐地观察周围的人和事,然后开始思考、学习并迅速借鉴到自己后面的工作中,使同事、客户不相信我只是一个刚刚本科毕业一年的"小孩"?从什么时候开始,我发现自己并不比那些跟我同期进入公司来自清华、北大甚至国际知名院校的人差,开始要求自己在很多事情上要比他们做得更优秀,争取到比他们更多的机会?这些或许有很大一部分来自大学四年的积累、来自课堂、来自那些活动。

在大学时,我会经常告诉自己:想想自己想要从事什么样的工作,过什么样的生活,然后再去想想自己需要做哪些准备,不要以大学里固有的评价标准评价自己,相信自己,你可以通过自己的努力争取到自己想要的生活!

【案例点评】 机会总是垂青那些有准备的人。大学生涯是通向职业生涯的关键阶段。在四年的大学生涯中,以明确的职业锚定(即毕业之后想从事什么职业)作为大学生涯规划的"指向标"并有效地安排专业课程学习和积极参与各项社团活动培养职业素养,将有助于求职的成功。

通过阅读这个案例,可以得到如下启示:

(1)要高度重视专业课程的学习,并且要认真对待。专业课程的学习是掌握专业理论知识与技能的主要渠道。学好专业课程,首先要保证认真听取每一堂课的内容,积极思考老师提出的问题,并鼓励自己从多个视角来分析问题,尝试寻求新的解答;其次,要善于利用图书馆资源借到与专业课程相关的参考书,自主学习多种观点,拓展自己的专业视野;再次,还可以通过报纸、期刊与网络平台搜集与专业课程学习相关的典型案例资料,并尝试运用学习的专业知识进行分析与解答。

(2) 积极参与各项课外活动,培养责任感、团队协调能力和沟通能力等必备的职业素养。在大学里,除了课程学习之外,重要的职业素养是通过参加课外活动,从经历与体验中不断获取和提高的,这主要包括与人交往的沟通交际能力、协调能力、组织能力等。但是,由于大学的课外活动,包括各项社团活动,种类丰富繁多,在选择课外活动时,可以依据自己的兴趣爱好选择,也可以依据自己未来的职业发展定位来选取。

案例3-4

徐某,原山东财政学院人力资源管理专业毕业生,考取浙江大学管理学院硕士研究生。

作为一名物流管理专业的学生,她并不喜欢自己目前所学的专业,而是对人力资源管理专业更感兴趣。但是,经过各方面努力也没能成功转系到人力资源管理专业的她,开始在大三阶段,利用选修课的机会,选修了人力资源管理和组织行为学等课程。她十分希望通过考取研究生来重新选择自己喜欢的人力资源管理专业。由于她是跨专业考研,在大三下学期,她积极与人力资源管理、组织行为学的任课老师联系,有计划地去学校图书馆借阅经典的人力资源管理教材。同时,她还通过网络公开课来聆听世界著名高校的名师主讲人力资源管理和组织行为学的课程来拓展专业知识。最终,她通过努力顺利考入心仪的学校。

【案例点评】 若你对目前所学的专业不感兴趣或者认为所学的专业与未来职业目标并不一致,建议可以通过选择第二专业或者考取自己所喜欢的专业的硕士研究生。无论是选择第二专业还是考研,都会涉及与自己目前所学课程之外的专业课程学习,建议可以通过到学校图书馆借阅相关的书籍或者利用网络公开课程来进行学习。

值得一提的是,大学学习培养兴趣学习、拓展视野非常重要。网络公开课程汇集了丰富的学习内容且不受地域的限制,大学生可以灵活安排自己的时间自主学习。

3.2.2 图书馆学习

(一)图书馆在大学生自主学习中的作用

大学图书馆是大学地位与实力的象征,是大学文化的重要组成部分。大学图书馆除了具有藏书丰富、有利于开展研究等特点外,它还在大学生进行自主学习中起到了非常重要的作用。[1]

1. 引导作用

大学图书馆可以通过各种途径引导学生自主学习,使大学生们能够根据自己的情况明

---

[1] 李舸民、王英培、孙宁宁:《高校图书馆与大学生信息素养教育研究》[J],《现代情报》,2008(12)。

确学习目标、制订合理的学习计划、选择科学的学习方式,并且对学习过程进行有效的自控。首先,大学图书馆可以通过对新生入学教育这一环节,引导帮助学生抓好自主学习。在入学教育中,图书馆有必要针对自主学习的重要性、自主学习的方法以及操作中的难点问题对大学生进行介绍,从而使他们在入校后就有自主学习的意识。其次,大学图书馆可以利用其文献资源和学习条件的优势,通过组织各种专题学习讲座和学术沙龙活动,让学生交流学习心得,提高学习兴趣,深化学习内容,从而帮助学生抓好自主学习的各个环节。

2. 服务作用

大学图书馆可以为大学生自主学习提供良好的服务。首先,大学图书馆可以为学生提供适合自己特点的学习资源。大学图书馆馆藏丰富,有各种不同类型和内容的文献资源。学生可以根据自己的学习计划,在图书馆自由选择适合学习需要的文献资源,既可以学习专业学科的知识,延伸课堂学习内容,也可以根据自己的兴趣和爱好,选择性地阅读书刊,还可以根据个人发展目标和参与的社会活动学习多方面的知识内容。其次,大学图书馆可以为学生提供指引学习方法的资源。图书馆文献资源涵盖自然、社会科学各科门类,涉及中外古今大量文献信息资源。随着信息量的骤增,图书馆的文献信息资源中有许多介绍学习方法的资源,包括纸质资料,方便、兼容、灵活的光盘网络数据库,以及镜像站点检索资源,这为大学生自主学习提供了检索方法和阅读指导。

3. 陶冶作用

大学图书馆可以为学生自主学习提供适宜的环境。安静优雅的学习场所是自主学习所必需的。大学图书馆里的名言警句、橱窗、宣传栏和特有的学习氛围可以感染、陶冶大学生的思想、意志、情感和价值取向,对其自主学习有着激励作用。图书馆组织的各种有益的学习活动也为大学生提供了学习和发展的平台。

(二)图书馆学习攻略

由于图书馆在大学生的学习生活中作用重大,因此建议大学生们合理而充分地利用图书馆资源,具体如下:

(1)充分了解图书馆的馆藏资源和布局;

(2)了解查找文献或图书的方法;

(3)培养阅读兴趣,看自己喜欢和与自己专业相关的书;

(4)有计划地阅读图书。

3.2.3 利用网络公开课学习

通过国外名校的网上免费公开课,可以接触到国外的一些新知识,学习西方顶级名校的教学理念,因为国外的授课方式和内容较之国内更为开放。更重要的一点是,网络公开课涉及范围广、参与人数也更多。

耶鲁大学、哈佛大学、麻省理工学院等美国知名高校都已纷纷在网上公开课程资源,提供课堂实录,以飨全世界的求知者。我们为大家推荐以下网络公开课:

哈佛大学公开课,http://v.163.com/special/harvarduniversity/。
耶鲁大学公开课,http://v.163.com/special/yaleuniversity/。
斯坦福大学公开课,http://v.163.com/special/stanford/。
麻省理工学院公开课,http://v.163.com/special/mit/。
新浪公开课资源,http://open.sina.com.cn/。
中国大学公开课资源,http://www.icourses.edu.cn/。
凤凰卫视公开课资源,http://v.ifeng.com/gongkaike/。

3.3 社会生活

3.3.1 宿舍生活

在四年的大学生活中,同一屋檐下的室友可能是与你相处时间最长的人,与宿舍成员处理好关系非常重要。融洽的室友关系,不仅使你心情舒畅,有利于学习生活,也有利于身心健康。反之,若关系不和,甚至紧张,就会给生活抹上一层阴影。那么,如何处理好宿舍关系,使宿舍真得成为一个温馨的家呢?我们提出以下几点建议:

(1) 尽量与室友统一作息时间,在日常起居生活中给予包容和理解。

(2) 不搞"小团体",应当以平等的态度对待每一个人,不要和一部分人打得火热,而对另一部分人疏远不理。

(3) 不触犯室友的隐私。尤其需要注意的是,未经室友同意,切不可乱翻其衣物。

(4) 积极参加宿舍集体活动。宿舍活动不仅仅是一个活动,更是室友之间联络感情的重要形式。

(5) 给予别人关心,有困难要给予帮助。一方面,自己有事时也会求助室友;另一方面,良好的人际关系是以互助为前提的。

(6) 不拒绝零食和宴请。倘若不论零食或宴请,你都一概拒绝,时日一久,别人难免会认为你清高孤傲,就会对你"敬而远之"。

(7) 不要逞一时之快。你夸夸其谈,想处处表现得比别人聪明,最后只会引起别人的反感。

(8) 维护共同的生活环境,承担相应的宿舍职责。

(9) 学会赞美,不吝啬对别人的夸奖。

(10) 用合理的方式解决日常矛盾。

以上十点,尽管都是日常生活中的小事,但倘若都能做到,会对处理好宿舍关系起到事半功倍的作用。反之,小小"蚁穴"也能够将良好宿舍关系的"千里之堤"给毁了。

3.3.2 班级生活

班级迎新聚会上,环顾你的四周,你会发现同班同学来自全国各个地方,大学的班级简直就是一个"小中国"。

大学的班级已经不是大家熟悉的中小学那种班级概念:没有固定的教室,上课就像打游击,上完一门课换一个教室;班内同学来自全国各省份,不再像中小学时代大家都是同乡或近邻;班主任不会跟前跟后,如果他(她)没有担任你所选修课程的任课老师,你可能很难看到他(她)的踪影,也许只是开学班会时见一次,期末班级总结时见一次。

总而言之,大学的班级变成了一个相对松散的集体。正因为大学班级的特点,所以在班级交往方面,我们给大家提出如下建议:①

1. 重视新生见面会

班级新生见面会上,要用心听同学们的自我介绍,记住每位同学的样子和名字,这是一种礼貌和尊重,而且这有可能是你与某些同学在大学期间唯一的相识机会。

2. 积极参加活动

积极参加班级活动,例如,班级旅行、野外郊游、节日聚餐、联谊晚会等。大一的班级活动尤其丰富,意在让大家尽快相互熟悉,形成一个团结紧密的班集体。由于平时上课位置不固定,大家多是与宿舍同学坐在一起,除去个别积极分子外,大部分同学的交流机会并不多。因而班级活动就是班级大融合的最佳途径,因为是以"玩"为主题,气氛欢快,同学们都比较能放得开,作为同龄人很快就能玩到一起。

"好的开始是成功的一半",这句话用在大学班级建设上恰如其分,如果没有在大一开始时就形成团结的班集体,同学们缺乏归属感,随着学生的独立自主意识逐渐增强,班级会越来越松散。所以每一位新生都应该有集体意识,以实际行动促进班集体的团结。

3. 各司其职

如果你有幸成为班委的一员,一定要联合其他班干部共同做好班级的建设工作。班主任和辅导员事务繁多,一般只能履行指导、建议的职责,真正班级的组织、管理和维护等各项工作其实是落在班委的身上。班委就是班级的核心,是全班同学的引领者和服务者。大学里一个班级的团结与否,常常是班委起着决定性的作用。

4. 找准自己的位置

非班委的同学要积极配合班委的工作。班委作为老师、院系和同学之间的传话筒,要管理班级日常学习生活中的各种杂事,组织开展班级活动。除了这些日常事务,有的班委在期末会整理考试复习课件放到班级共享上,方便大家复习使用;有的班委为班内困难的同学举行募捐活动,这些都是发生在校园里真实的事情。总之,班委的工作远非想象中那么轻松,他们默默为同学们做了很多事,如果还得不到同学们的支持和配合,就枉费了他们的真心

---

① 董文强、谭初春:《大学生就业指导》[M],西北工业大学出版社,2004。

付出。

5. 尽心尽力

当需要你为班级出力的时候,一定要挺身而出。如校运会、班级文艺演出等,千万不要因为怕苦怕累,甚至是不想"抛头露面"而拒绝。作为班级的一员,对班级要有一种责任感。而且在你为班级荣誉而战的时候,会收获掌声与欢呼声,而你也会为自己的行为感到自豪。

6. 调整心态

有个别同学因为不适应大学里新的班级模式,或者过度留恋中学的班级和同学,难以融入新的班集体,这样对于自身的发展其实是有消极影响的。因为大学同一个班级的同学是同一个专业,大家成为同行的可能性非常大,而且毕业后许多同学都会留在本市发展,大学时建立起良好的关系会使彼此在将来毕业后的职场也能够互帮互助。无论着眼于现在,还是放眼于未来,维持良好的班级关系都是必需的。

总之,一个成功的大学班级必然是团结的,班级的凝聚力会让每个身在其中的同学找到归属感。

3.3.3 社团生活

"在学生会的日子是我在大学四年里收获最多的,尽管我失去了很多学习时间,但我却得到了友谊,得到了院里同学的认可,为了不落下自己的学习,我学会了时间规划,学会了选择……"这是一名大学毕业生对大学新生的建议,这说明大学的社团活动和社会实践活动还是要积极参加的。社团生活是最具代表性的大学生活。有人曾说:在大学里如果没有参加过社团活动,就相当于没有上过大学。那么应该如何选择和参与社团活动呢?一名即将毕业的学长提出了以下几点建议,供大家参考。

1. 根据自己的兴趣爱好做选择

社团有很多,但不是所有的都适合自己。选择社团时首先要考虑自己擅长什么和是否感兴趣。每个人的兴趣爱好是不同的,擅长文艺的同学可以加入大学生艺术团、戏剧社和话剧社;爱好新闻采编和文学写作的可以参加文学社和校报记者团;热衷于青年志愿者服务的可以加入志愿类组织;对播音主持有兴趣的同学可以到校广播站一展身手。

2. 了解你所要加入的社团

社团种类主要有以下几种:

(1)理论研究型社团:以理论学习、宣传、研究为主要内容和目的的社团,如"三个代表"重要思想研究会、大学生科学发展观研究会等。

(2)专业知识性社团:以专业学习、交流、实践为主要内容,如英语协会、书法协会等。

(3)文艺活动性社团:依据学生的文艺特长和共同兴趣爱好组建而成,以注重艺术享受、提高艺术素养为主要特征,如舞蹈协会、大学生艺术团等。

(4)体育型社团:依据学生的体育特长和共同兴趣组建而成的社团,如足球协会、篮球协会、乒乓球协会等。

（5）社会服务型社团：以服务社会、锻炼自我为宗旨的团体，如志愿服务队等。

（6）个人分享：以兴趣出发，选择自己喜欢的社团，结交一群志趣相投的朋友，为大学生活增加快乐美好的经历。大学的社团会定期组织丰富多彩的活动。一般活动的举办都会有社团基金的支持，这意味着我们作为社团成员，不用花很多的零用钱，就可以参加一场热闹的比赛或者一次有美景和友人相随的远途旅行了。

（7）创业型：创业型社团会重塑大学生的人生观，改变他们的人生道路，为他们踏上创业之路积累创业经验，并做好创业所需知识与技能的储备，如创业协会等。

3. 选择时避免草率和贪多

在大学，学习永远是第一，活动虽然是丰富多彩的，但要尽量避免与正常学习的冲突。

参加了社团，就需要组织活动、参加会议、实践服务，这些都将花费你很多的课余时间。在选择的时候，有余力的同学可以参加 2—3 个社团。一般选择参加一个自己感觉是最适合的。

有些学生认为学习并不是最重要的，而平时积极参加社会活动，不仅可以提高自己的沟通能力、组织能力，也有利于将来找到很好的工作。持有这种观点的同学是有些片面的。曾经有一名学生，因组织能力强，学习成绩还算不错，被选为院学生会主席，一学年下来，成功组织学生社团活动无数，赢得师生的一致好评，但期末考试结束后，却发现自己有 3 门课程不及格，最终因不能很好地处理学习与工作的关系，被迫辞职。与此同时，入党申请也被推迟，本来可以获得的一些荣誉称号也因学习成绩不佳而无法获得。从长远来看，这名学生在将来毕业时，可能也会因为成绩单当中有若干门课程不及格而被用人单位视为不学无术，最终影响自己的就业。

4. 相信自己

在上大学之前，除了学习之外，大部分学生很少参加社团活动，没有更多的机会施展自己的才华，挖掘自己的潜力，自信心也就得不到更好的提高。步入大学，来到了一个崭新的环境，有了更多与人接触和团队协作的机会，这个时候就需要充分展现我们的个性，发挥我们的聪明才智，提高自己的自信心。自信是做好一件事情的前提。大学就是一个让你肆意挥洒的舞台，面对机会我们要学会去争取。

5. 一旦选择就要全力以赴

不管选择了哪个社团，都应尽自己最大的努力把工作做好，一开始难免会出现不知如何开展工作的情况，出现这样或那样的问题，这恰恰是提高自己沟通能力、解决问题能力的好时机。在解决这些问题的过程中，自己的各方面能力也在悄然得到提高，这也是参加社团的主要目的。

有些同学对社团活动或班级组织不感兴趣，认为做与学习无关的事纯粹是在浪费时间。其实这个观点也是片面的，因为理想的大学生活应该是在不影响学习的前提下，尽量让大学生活丰富多彩，而参加各种社团、班级组织活动，能够从各方面提高自己处理问题的能力，完善自己的人格，培养团队意识，提高自己的情商。而只是一味埋头苦读的学生固然会有一个优秀的学习成绩,但因埋头学习而失去与人沟通、交友、共同成长的机会,最终会让自己处于一种"封闭"的生活状态,不利于个人的成长。

3.3.4 实践生活

就业形势越来越严峻,面对越来越大的就业压力,许多大学生选择兼职来增加自己就业的砝码,兼职已成为大学校园的新时尚。其中勤工助学和社会实践是大学生参与实践生活的两条基本途径。[①] 勤工助学的渠道有担任授课教师的助理、图书馆书籍整理员、食堂服务员、校园代理、校园和教室清洁员等。社会实践的渠道有家教、公司实习、社会支教、社会调研等。我们有时会把它们统称为兼职。下面我们来说明如何选择兼职以及大学生在选择兼职的过程中又该注意哪些事情。

(一)有针对性地选择兼职

1. 兼职与专业相结合

大学生专业知识是日后工作必备的基本知识,也是在该领域日后深造的基础。在从事兼职工作时可以结合自己的专业,寻求与本专业相关的兼职,在实践中加深对专业知识的理解,在学习中体会专业知识的重要性。

2. 兼职与兴趣相结合

兴趣是自己最好的老师,感兴趣的东西总会给自己带来意想不到的收获。找到感兴趣的兼职,可以在兼职过程中,培养自己的兴趣爱好。此外,充满兴趣的兼职也会带给自己愉悦的心情和对事物的更深层次的理解。

3. 兼职与能力相结合

从事兼职的一个很重要的目标是提升自己的能力[②],面对就业压力,社会对大学生的能力要求越来越多,也越来越高。在兼职过程中,可以重点提高自己的优势,有针对性地提升自己欠缺的能力,做到全面发展。

4. 兼职与就业相结合

大学生最终都会走向社会,从事一定的工作。兼职是对就业的事先铺垫、认识和了解。从事与日后相关工作的兼职,可以提前了解行业动态,掌握行业方向,也为日后迅速融入工作做好准备。

(二)维护自己的正当权益

近年来,利用课余时间去社会上打工做兼职的大学生越来越多,对于经过了十年寒窗苦读的大学生来说,找一份兼职工作,不仅能够获得一定的经济收入,还可以提高自己的交际和工作能力,为日后就业打下良好的基础。由于大学生还没有真正地接触社会,思想还比较单纯,容易被一些不法分子诱惑。他们利用大学生勤工助学的迫切心理,以各种方式骗取大

---

① 王维:《硕士研究生兼职的生涯意义》[D],华东师范大学,2009。
② 韩光耀:《中国大学生非常兼职纪实》[M],中国画报出版社,2005。

学生的财物,甚至还造成了生理和心理上的伤害。对此除了需要依靠社会的力量和法制约束以外,更主要的还是需要大学生自身谨慎防范,认清诈骗分子的惯用伎俩,防止上当受骗。

案例3-5

"我原本以为,这次实习能多赚点钱贴补生活费,锻炼一下自己,没想到结果会是这样。"昨天,安徽绿海商务学院经贸系大三学生王军(化名)沮丧地给记者打来电话称,10月20日,在学院的组织下,他与100多名大三学生一起前往苏州科技园实习,抵达后,却被对方骗入当地农村私人工厂当苦力。

昨天下午,安徽绿海商务学院宣传处负责人向记者证实了此事,并称学院也是受害者,同样被苏州科技园区欺骗。目前,他们正与对方交涉,已接回170名被骗学生。

王军来自皖北农村,家里条件比较艰苦,为了让他上大学,父母在他很小的时候,就外出打工。"每次去看父母,心里就会特别难受,想早一点工作,让父母少累一些",进入大三后,王军一边学习,一边急切地寻找招聘信息。

王军在大三新学期开学后,获悉苏州科技园来学校招人,待遇比较高,而且学校与苏州科技园签有协议,工作有保障。"当时,苏州那边开出的条件是每月2500—2800元的工资,实习期间,也能拿到2000元以上。"10月20日,王军等176名大三学生满怀憧憬地登上了前往苏州的大巴车。

然而,令王军等没想到的是,到了苏州后,负责接待的苏州科技园工作人员带他们去的并非早前承诺的园区内大企业,而是吴中市农村的两家私人工厂。"那里的工作环境、待遇、生活条件都与他们当初宣传的相差甚远,从早上8点一直工作到晚上8点,每天工作12个小时以上,一个月却只给1000元左右。"让王军等感到无法忍受的是,每天干着重活却连饭都吃不饱,"两天才能吃上一顿工作餐,而且饭少得可怜。菜,豆芽就那几根,只能吃辣椒。"

干得多、吃得少,床上也只有凉席。许多学生在交完各种费用后,身上已没多少钱,买不起被褥,只能蜷缩在宿舍内冰冷的凉席上。学生发现受骗后,纷纷要求返校,但没被允许,情急之下,他们立刻向学校发出了求救。

资料来源:http://finance.sina.com.cn/roll/20111027/165910705559.shtml,稍作修改。

【案例点评】 遇到侵权行为一定要注意人身安全,同时保存好证据并及时利用法律武器保护自己。要详细了解用人单位的资质,遇到收取各种费用的招聘,一定要提高警惕;在工作前,一定要和用人单位协商劳务薪酬等事宜,包括获取薪酬的数额、方式、时间等。遇到问题时可以寻求老师和学校保卫处的帮助。

(三)通过正规渠道参与社会锻炼

大学生不甘在家度过枯燥乏味的假期,想提前体验工作的点点滴滴。走出校园、融入社会,在校兼职或者是假期打工便成了大学生们不错的选择。小王和小赵去某工厂应聘,他们被录用了,但每人必须交纳200元的押金,最后交纳的押金因各种原因被部分扣除,让他们感觉难以接受。这里要提醒大家的是"假期工"属于短期工,不受《劳动法》保护。所以,大学生"假期工"特别要提高警惕,保护自身权益。

首先,大学生在找工作时要具备防范意识,事先对用人单位有个全面的了解,如有无营业执照、有无固定办公场所、经营状况如何等。

其次,在面试时不要轻易交纳任何抵押金和保证金,更不要抵押自己的证件。很多骗子公司用各种借口向求职者收取现金。碰到这种情况,同学们大可不予理睬。

再次,切记要和用人单位签订劳动合同,合同内容应具体到劳动报酬、劳动时间、工作内容等,尤其要注意劳动报酬发放的时间。如果没有书面的劳动合同,只是口头约定的话,同学们就要注意这方面的证据,如工作中形成的资料及通话记录等。

最后,搜集了假期打工可能出现的四类陷阱,以备大学生们加强防范。

陷阱一:中介诈骗,收取高额的中介费后故意给求职者介绍一份不合适的工作,趁机再次索取中介费。

陷阱二:乱收押金,向应聘者收取一定数额的押金或保证金后拒不退还。

陷阱三:传销以"招聘销售人员"为诱饵,让应聘者去哄骗亲友购物。

陷阱四:克扣工资,雇主在快要支付工资时,找个借口迫使兼职大学生离职。

总之,大学生在急于找工作的同时,千万要谨防上当受骗,避免自己的合法权益受到侵犯。我们建议大学生可以通过以下正规渠道来寻找兼职:

(1) 一定要到有资质的职业介绍公司或是正规的人才网站;

(2) 及时浏览学校就业信息网站和校内创业社团的相关信息;

(3) 通过亲友、老师和同学的介绍以及校园论坛等获取相关信息。

附录3-1 大二学生王强(化名)的学业生涯规划

大学生往往在知识、能力和经验方面准备不足,在进入大学后失去原来清晰明确的目标。此时除了应该重视文化知识的学习和学习方法的掌握以外,还应加强对社会的认识,积累社会经验、提高团队意识、增强合作意识和人际交往能力。

为使自己的大学生活目标明确,使自己有一个充实的大学生活,特对大学本科期间的学习生活作出如下规划:

1. 大学二年级

上学期要专注自己的专业学习,争取在班里拿到奖学金;认真利用课堂时间学习英语,课下做好复习和巩固,在上学期通过大学英语四级考试;在课余时间不能遗忘以往学过的计算机知识,争取一次性通过计算机二级考试,取得计算机二级证书。

大二下学期利用暑假时间继续巩固英语的学习,争取通过大学英语六级考试。

2. 大学三年级

大三上学期要争取从入党积极分子转为预备党员并进一步转正为党员,在时间允许的情况下进行雅思的培训和学习。

认真学好专业课,做好以后从事本专业工作和报考本专业研究生的准备。在课上认真听讲做好笔记,争取在大三结束前拿到人力资源管理师证书,掌握全面的专业知识,为以后的实习和工作打好基础。

如果自己在大二到大三的时间内文化课学得很好,可以在大三下学期开始准备考研的材料并做好考研复习的计划和时间表。

3. 大学四年级

争取好的实习机会,多积累经验,认真学习工作要用到的、自己以前没有接触过的专业知识,认真踏实地学习。

做好自己的职业生涯规划,为自己制定切实可行的工作目标。

除以上列出的各个阶段的学习计划外,还要在以下几个方面做好准备:

(1) 继续做好在学生会的工作,因为学生会就是一个小型的社会圈,在学生会中可以学到许多原来没有接触过的东西,提高自己的交际能力;

(2) 学校的讲座、讨论会、社团活动等都要积极认真地参与,拓宽自己的知识面;

(3) 培养自己的兴趣爱好,多抽出时间去图书馆借阅与自己专业课相关或者与感兴趣的书籍、报纸和杂志,提升自己的专业水平;

(4) 对老师推荐的课外读物或者教辅图书,比如《货币战争》系列、《华尔街风云》等要及时阅读并做好笔记;

(5) 最重要的还是专业课的学习,其他一切活动都不应该占用这方面花费的时间,因为自己热爱这份职业。

以上生涯规划虽然没有成型的职业规划,但每个时期的努力方向和短期目标都有。因为环境在不断发生变化,生涯规划不可能一成不变。我自信可以通过以上规划在短期内找到奋斗目标。

资料来源:在校大学二年级学生上交的学业生涯规划。

【点评】 该学生的规划算是比较积极向上,但从规划的本质来讲,缺乏了学业生涯规划的实质内容。比如规划中提到大二努力学习英语和计算机,争取通过英语四、六级和计算机二级,大三入党、通过人力资源管理师认证考试,大四……该学生把通过英语四六级、获得计算机二级和人力资源管理师证书等这些作为大学四年主要的奋斗目标,这多少让人感到有些本末倒置,殊不知这些证书的获得本应该是在大学四年学好应学知识的过程中顺理成章获得的。

附录 3-2　大二学生刘刚(化名)的学业生涯规划

　　转眼间,进入大学已经一年多了。大学四年的时间,想想真得过得很快。大学是我们步入社会的最后一个阶段,有人将大学比喻成一个小社会,我觉得这样很贴切,我们在大学所学习的并不仅仅是专业知识,还有我们的实践能力。大学期间,正是我们奋斗拼搏的大好时期,因此要有正确的理想和信念。

　　本校的人力资源管理是我高考志愿的第一专业,但是在上大学前我对它没有更深层次的了解,也没有为大学四年后自己的去向提前考虑过。大一开学后,我就如一个普通的大一新生一样对一切充满好奇,忙着适应新的大学生活,觉得没有必要这么早为以后的职业生活做什么。进入大学后,我想在大学广交朋友,因为大学是人才集结的地方,所以我加入了学生会,并有幸被系秘书处录用。我认为进入大学远离父母,多交一些真心朋友,在大学里处理好自己的人际关系,在我们有困难的时候就会有多一些援助之手,也会有一个良好的生活和学习环境。大学生活和高中差别很大,再也没有父母跟在身后唠叨一定要好好学习,老师也不是整天紧盯你的成绩,上课也不会督促你好好听课,甚至到不到都很少过问。所以刚上大一时总有点调整不过来,慢慢习惯了不用天天写作业和复习。渐渐地,学习也不太用功了,平时不上自习,快考试了临时抱佛脚,因为大家也几乎如此,所以成绩还可以,而后更不认真学习了。大一时没有意识到什么,上大二后才渐渐明白,大学生最重要的还是学习。现在学不好,等工作了就再也没有机会和时间重学一遍。

　　对于大四毕业后的去向,我最初的想法是已经读了十几年的书,已经不想再读下去了,我自认为没什么很大的志向,原想考公务员有一个比较稳定的工作和收入就可以了。但最终我还是改变了想法,即使现在研究生学历也不能确保有一个好的工作和待遇,本科学历在社会上就更没有竞争力。现在多努力两年可以让自己在未来的道路上少走好几年的弯路。而且以前把考计算机证、英语证等和学第二专业当成目标的想法也是很不成熟的,我们只想到考证和学第二专业,却没有想考证和学第二专业是为了达到什么目标,最终让大学的大好时光白白浪费。所以,在这里我为自己制订了新的学业计划。

　　1. 大学二年级

　　大二的专业课程多了,要进一步加强自己的专业技能训练,这就要求我们有接受更高专业知识的准备。尽量将自己的一些课程转移到本学年,以减轻大三包括学习和就业压力在内的压力。

　　首先,认真学习数学、英语基础课:每周背诵至少三篇英语课文,增强自己的语感,掌握文中出现的生词及语法,数学课程每讲完一章就进行概括总结,通过习题练习,模拟真题训练,在大二通过英语四级考试,注重英语口语能力。其次,经常去图书馆借阅与商务、管理有关的书,关心商务的动态发展。再次,能较熟练地掌握计算机基本操作,在大二时通过计算机二级考试。最后,暑假期间可尝试参加相关的社会工作,培养自己的合作意识、沟通能力、自我认识等;还有应当在大学中培养最基本的几种能力,如信息收集能力、交往沟通能力、文字表达能力以及计算机办公能力,进一步了解专业的最新动态,这有利于自己将来走向社会时适应力更强。

2. 大学三年级

系统地概括总结相关的英语语法知识,系统地过一遍英语四、六级词汇,在大三通过英语六级,并且可以阅读一些外文原版书,增强语感,丰富自己英语美文的库存量。

大三下学期结合自己所学到的专业知识以及市场状况开始规划确定自己将来的去向,着手了解考研的相关方面,准备考研。

3. 大学四年级

进入总结阶段,重点任务是准备考研,大四意味着大学即将结束,但也意味着新的征程即将开始。大四要做好充分的准备工作,除了要掌握考研的资料外,还要增强自己与社会的沟通能力,毕竟考研并不是人生的最终目的,考上研也不意味着安枕无忧,我们最终还是要走向社会,考研只不过是增强我们竞争力的筹码,所以这个阶段也不能一味地看重学习,还要看看哪些在规划内的事情却没有做到,努力分析原因为自己的大学生涯做一个总结。

资料来源:在校大学二年级学生上交的学业生涯规划。

第4章 职业认知与求职

引　言

职业生涯活动将伴随一个人的大半生,拥有成功的职业生涯才能实现完美的人生。而且,随着我国高等院校的不断扩招,大学生这个群体的人数也在不断增加,毕业生多,竞争激烈,热门专业的人才过剩,薪水与自己心中的期望值不符,大学生就业压力很大。大学生就业困难已经成为我国一个基本的社会问题。因此,对于刚刚走进大学校门的你们,认识职业、职业发展路径,明确职业发展方向,树立职业理想,不断增强职业竞争力,具有重要深远的现实意义。[①]

辅　导　目　标

通过实践学习,认知职业,准确定位,了解求职的准备和相关安排,同学们能有目标地完成大学学业,树立明确的职业发展目标,为将来顺利实现就业创业和职业理想打下坚实的基础。

4.1　职业认知与定位

4.1.1　职业认知

职业是利用专门的知识和技能,参与社会分工,为社会创造物质财富和精神财富,获取合理报酬作为个人物质生活来源并满足精神需求的工作。职业的特征为经济性、技术性、社会性、伦理性和连续性等。[②]

（一）职业分类

你将来可能从事的职业是什么？具体的职业类别有哪些？

---

① 刘俊彦:《大学生职业生涯设计》[M],中国言实出版社,2004。
② 雷建鹏、蓝燕飞:《大学生职业认知教育中存在的问题与对策研究》[J],《出国与就业》,2012(03)。

《中华人民共和国职业分类大典》将我国职业分为 8 个大类,66 个中类,413 个小类,1 838 个细类(职业)。第一大类:国家机关、党群组织、企业、事业单位负责人,其中包括 5 个中类、16 个小类、25 个细类;第二大类:专业技术人员,其中包括 14 个中类、115 个小类、379 个细类;第三大类:办事人员和有关人员,其中包括 4 个中类、12 个小类、45 个细类;第四大类:商业、服务业人员,其中包括 8 个中类、43 个小类、147 个细类;第五大类:农、林、牧、渔、水利业生产人员,其中包括 6 个中类、30 个小类、121 个细类;第六大类:生产、运输设备操作人员及有关人员,其中包括 27 个中类、195 个小类、1 119 个细类;第七大类:军人,其中包括 1 个中类、1 个小类、1 个细类;第八大类:不便分类的其他从业人员,其中包括 1 个中类、1 个小类、1 个细类,包括自由职业者、家庭主妇和其他在家做家务的人以及正在寻找职业的人(包括下岗无职业者)等。

如果进入企业可能会成为董事长、董事、监事长、监事、经理、厂长、分厂厂长、事业部主任、车间主任、站长、局长、处长、科室负责人及部门主管等;如果进入事业单位会成为校长、社长、台长、所长、主任、会长、部长、局长、处长、科长、股长等(见表 4-1)。

表 4-1 列举了部分职业的类型。

表 4-1 专业技术人员

职业名称	说明	列举细类
社会科学研究人员	工作内容:从事社会科学研究工作 职称系列:研究员、副研究员、助理研究员、研究实习员	哲学研究人员;社会学研究人员;经济学研究人员;法学研究人员;政治学研究人员;教育学研究人员;体育学研究人员;文学研究人员;新闻传播学研究人员;艺术研究人员;历史学研究人员;管理学研究人员;其他社会科学研究人员
自然科学研究人员		
工程技术人员		
飞机和船舶技术人员		
医疗卫生技术人员		
农林技术人员		
科学技术管理人员	根据管理机构制定的总政策,对科研、工程技术项目进行管理和为科研活动提供服务的人员	
经济业务人员	具体办理经济业务的人员(一般指具有专业职称或专业资格认证的经济业务人员)	经济计划人员(高级经济师、经济师、助理经济师、经济员);统计人员(高级统计师、统计师、助理统计师、统计员);系统分析人员;运筹学分析人员;财会人员(高级会计师、会计师、助理会计师、会计员);劳动工资人员;调度人员;税务人员;工商管理人员;公证人员;金融业务人员;海关检查人员(高级关务监督、关务监督、助理关务监督、监督员);其他经济业务人员
法律工作人员	根据国家法律,对案件进行公诉、检举、审判、辩护的人员	审判人员;检察人员;律师;其他法律工作人员

(续表)

职业名称	说明	列举细类
高等学校教学人员	在各类高等院校（大专以上）专门从事教育工作（组织课程、管理教师、安排考试、校外辅导等）的人员	大学学校教师和教学辅助人员
中等学校教学人员	在各类中等学校专门从事教育工作（组织课程、管理教师、安排考试、校外辅导等）的人员	中等专业学校教师；技工学校教师；技工学校实习指导；中学教师；教学辅助人员
初等学校教学人员	在各类初等学校专门从事教育工作（组织课程、管理教师、安排考试、校外辅导等）的人员	小学教师；教学辅助人员
其他教学人员	从事幼儿教育、特殊教育、其他教育的人员	幼儿教育人员，特殊教育人员
文艺工作人员	专门从事文艺工作的人员	艺术演出组织人员，司仪，报幕员；文艺评论人员；编剧；导演；指挥；作曲；演员；音乐演奏员；舞美设计；舞台设计；摄影人员；照片、电影、电视摄制人员；美术工作人员（雕刻、蚀刻、画家、图画修复等）、一级美术师、二级美术师、三级美术师、美术员；工艺美术工作人员；商业艺术人员；舞台工作人员；播音员；其他文艺人员
体育工作人员		
新闻出版、文化工作人员	专门从事文化、新闻、出版等工作的人员	作家；记者；新闻编辑；编辑；技术编辑；校对；撰稿人（自由撰稿人、广告撰稿人、宣传品撰稿人）；翻译；图书资料业务人员（研究馆员、副研究馆员、馆员、助理馆员、管理员）；档案业务人员；考古和文物工作人员；美术馆、博物馆业务人员；展览讲解员；其他文化人员
社会工作者	专门对他人的困难提供援助、帮助他人改善生活、配合社会需要调整人际关系和社会关系	社会工作人员；社会福利工作人员；文化站工作人员；家庭教师；精神病学社会工作人员；其他社会工作人员
人事和职业工作人员		人事专业工作人员；职业指导顾问；职业分析人员；其他人事和职业工作人员
宗教职业者	专门从事宗教职业的和尚、道士、尼姑、修女、牧师、神甫、阿訇、喇嘛等，不包括在宗教职业机构或团体内从事非宗教职业的人员（如机关办事人员、教育、医务人员）	宗教活动组织者；宗教职业者
其他专业人员、技术人员		

（二）管理类大学生应具备的核心素质

优秀的企事业单位都希望"汇集一流人才，创造一流业绩"，但他们又是如何来挑选他们认为优秀的人才的呢？大多数用人单位在招聘新员工时，对应聘者的综合素质考察都相当

重视,仅凭文化程度或毕业院校名声来录取员工的情况已越来越少,他们更注重的是应聘者以下几方面的能力[①]:

1. 专业素质

这是应聘者所应具备的最基础的素质,尤其是在一些专业性较强的行业,他们对专业人才的选拔更为严格。所以,在校大学生在专业学习上千万不能懈怠。

工商管理类人才要学好人文社会科学和自然科学知识,才能具有较高的审美情趣、文化品位、人文素养,才能够将知识、能力、素质融为一体。知识结构应具备层次性、核心性、综合性和动态性。[②] 首先,层次性指知识结构的基本层次是基础知识和专业知识,在博的基础上求专,在专的基础上求博。其次,核心性指某一学科专业所必须掌握的基础知识、专业基础知识和专业知识。以工商管理专业为例,其基础知识就是综合知识课中的自然与技术科学、人文与社会科学方面的知识;专业基础知识就是与管理类专业有关的经济学、会计学、财务管理类的知识;专业知识是指专业性核心课程,即本专业必修的核心课程。再次,综合性指金字塔形知识结构作为一个整体,使各门知识(自然科学知识、社会科学知识与人文科学知识)间紧密联系、相互作用,成为复杂的知识综合体。最后,动态性指随着社会科学的发展和技术的进步,旧的知识不断地老化,新的知识不断产生。

2. 团队合作精神

这方面能力目前受到极大重视,相比于对专业素质的考察,不少公司更加重视员工在团队合作方面的能力。这种能力是很难在短期内培养和形成的,其中包括协调工作能力、人际交往能力、融入企业文化的能力等,这些都是用人单位更为看重的,也是有利于公司更好发展的。

3. 创新能力

和团队合作精神一样,创新能力近来也备受关注。用人单位鼓励学习,更鼓励创新,非常重视员工对新技术、新技能的掌握,并且要求其能将新技能应用到实际的工作中。

4. 外语能力

这种能力对一些中外合资、外资企业的员工来说更为重要。在国际化公司里任职,每天要面对外国同事,参加国际电话会议,接触英文 E-mail,要想在第一时间掌握资讯,就一定要有较高的英语水平。当然,随着国际化程度的提高,英语作为世界通行语是每个应聘者所必须掌握的。

5. "包装"能力

"包装"能力是用人单位首先能观察到的。招聘时,应聘者投递的简历、自我风采的展示、求职的方式等是最直接的体现。"包装自我"时既要实事求是,又要吸引用人单位的眼球,这的确有些难度。不少用人单位在招聘时发现,一个班有几十个班长,一个学院有好几

---

① 钟一彪:《大学生就业素质与就业能力培养研究》[J],《中国青年研究》,2006(12)。
② 郎全发:《当代大学生应具备的基本素质》[J],《中国科技信息》,2005(19)。

个学生会主席,当然使用一些能包装自己的手段并没有什么不好,但首先要做到的是"诚实"。此外,在求职时,切记不要讲大话空话,而要说明自己能给公司带来什么,突出自己的亮点。

6. 心理素质

求职者应具备较高的情商、良好的心理承受能力和挫折容忍力以及健全的人格。

7. 身体素质

只有具备良好的身体素质,才能适应高效率、快节奏的工作,成为德智体美等全面发展的人才。

4.1.2 自我认知(我是谁?)

明确职业目标可使用一种简便易行的方法——五W法,也叫五步法,即用五个问题进行归零思考。① 这是一种在工作实践中设计的、被许多人成功应用的方法,其依托的是归零思考的模式,从问自己是谁开始,如果能够成功回答完这五个问题,你就可以得到答案了。这五个问题是:第一,Who am I? (我是谁?);第二,What will I do? (我想做什么?);第三,What can I do? (我会做什么?);第四,What does the situation allow me to do? (环境支持或允许我做什么?);第五,What is the plan of my career and life? (我的职业与生活是什么?)

接下来试着进行SWOT分析②,分析自己的性格、能力、爱好、长处、短处、所处环境的优势和劣势,一生中可能会有哪些机遇,以及职业生涯中可能有哪些威胁,这是要求你试着去理解并回答自己这个问题,即我是谁?

传统的职业观是"做一行,爱一行",这使很多人爱得很痛苦,明明不喜欢的工作又必须天天去面对,要体现出爱岗敬业的良好职业道德,这种违反人性的传统的职业观不应该提倡。有位伟人明确说过,兴趣是最好的老师,做与自己职业兴趣吻合度高的工作,可能会工作得更快乐,也更容易发挥出自己的能力。现在我们所倡导的职业观念是"爱一行,做一行",只有做你喜欢做的事情、你擅长做的事情、你有能力做的事情、你有条件做的事情,你才能真正做好,才有可能产生绩效,才是符合人性的职业观念。企业的用人观应当是用人所长、扬长避短,在合适的时机把合适的人放在合适的位置,这才是人力资源管理所应该做的事情。人与事的匹配始终是人力资源管理的核心工作内容。从个人层面来讲,你应当如何跟你所从事的职业匹配,是你进行职业生涯设计第一步要考虑的问题。

(一) 自我认知三要素

1. 爱好

爱好应该放在职业生涯规划考虑的首位。因为只有你喜欢这个职业,你才可能去主动投入,而也只有你主动投入了才可能会收获,才可能会取得成就。如果你不喜欢营销这个职

---

① 王成宝:《大学生职业生涯规划中的自我认知因素探析》[J],《人才资源开发》,2009(06)。
② SWOT分析法是一种有效的企业战略分析工具,此处指个人要分析自己的优势(strength)、劣势(weakness)、机会(opportunity)和威胁(threat),做到知己知彼,从而更好地确定职业发展方向。

业,所有的工作你都是在被动地接受,手到了心却没到,自然不会获得好的结果。所以,当你决定从事某种行业时,你要问自己是否真的因为喜欢这个行业,还是抱着试试看的态度或其他原因。

2. 性格

古话说:"江山易改,本性难移",一个人的性格是很难改变的,但也并不是不能改变。通常,性格被分为"外向、中性和内向",你就要分析你的性格属于哪一种。有些职业,如营销,决定了你的大部分时间是在与人打交道,因此外向的性格当然较好。但也不代表内向的人就不能做营销,对于一个性格内向(如不善于和陌生人打交道,不善言辞、不善沟通)的人,关键看你能不能作出改变以适应营销职业的需要。如果你无法改变或不愿改变,那么你最好选择其他职业。

3. 特长

特长是你现有专长和潜在专长的总称。特长也分为基础特长和专业特长。基础特长如沟通能力强、组织能力强等。专业特长如计算机熟练、擅长策划等。在计划经济时代,由于职业人在企业一干就是一辈子,其改变外部环境的空间很小,所以在那个时代在进行自我完善方面强调的是如何去弥补自己的不足。在市场经济条件下,职业人的流动性增强,改变外部环境的空间增大,因此如何最大限度地发挥自己的优点成为自我完善的核心。世界上没有完美的东西,自然也没有十全十美的人,特长的发挥成为一个人取得成功的关键,因为有时候不足很难弥补,况且有弥补不足的时间还不如用这个时间去发挥自己的优势。因此,特长分析非常重要。

(二) 职业性向小测验

如果有机会让你到以下六个岛屿旅游,不用考虑费用等问题,你最想去的是哪个?你可以按照喜欢程度选出三个。

A岛:美丽浪漫的岛屿。岛上遍布美术馆、音乐厅,弥漫着浓厚的艺术文化气息。同时当地的原住民还保留了传统的舞蹈、音乐与绘画,许多文艺界的朋友都喜欢来这里找寻灵感。

B岛:深思冥想的岛屿。岛上人迹较少,建筑物多地处一隅,平畴绿野,适合夜观星象。岛上有多处天文馆、科博馆以及科学图书馆等。岛上居民喜好沉思、追求真知,喜欢和来自各地的哲学家、科学家、心理学家等交流思想。

C岛:现代、井然有序的岛屿。岛上建筑十分现代化,呈现进步的都市形态,以完善的户政管理、地政管理、金融管理见长,岛民个性冷静保守,处事有条不紊,善于组织规划。

R岛:自然原始的岛屿。岛上保留有热带的原始植物,自然生态保持得很好,也有相当规模的动物园、植物园、水族馆。岛上居民以手工见长,自己种植花果蔬菜、修缮房屋、打造器物、制作工具。

S岛:温暖友善的岛屿。岛上居民个性温和、十分友善、乐于助人,社区均自成一个密切互动的服务网络,人们多互助合作,重视教育,弦歌不辍,充满人文气息。

E岛:显赫富庶的岛屿。岛上的居民热情豪爽,善于企业经营和贸易。岛上的经济高度发展,处处是高级饭店、俱乐部、高尔夫球场,来往者多是企业家、经理人、政治家、律师等,衣香鬓影,夜夜笙歌。

你总共有15秒钟的时间回答以下问题:如果你必须在六个岛之中的一个岛上生活一辈子,成为岛民的一员,

(1) 你第一会选择哪一个岛?

(2) 你第二会选择哪一个岛?

(3) 你第三会选择哪一个岛?

(4) 你最不愿意选择哪一个岛?

选好之后,依次记下四个问题的答案。

资料来源:测验见http://www.psychspace.com/psych/viewnews-6972。

实验案例结果分析

测试目的:通过选择岛屿,发现自己喜欢和不喜欢的职业内容,探索自己的职业兴趣,帮助自己思考职业方向。六个岛屿代表着六种典型的职业生涯兴趣类型(其中第一个是主要兴趣,第二、三个是辅助兴趣)。A岛代表艺术型(Artistic),B岛代表研究型(Investigative),C岛代表传统型(Conventional),R岛代表实用型(Realistic),S岛代表社会型(Social),E岛代表企业型(Enterprising)。对照霍兰德职业人格类型,分析自己的职业性向,以及自己所适合从事的职业。

(1) 社会型(S):喜欢与人交往、不断结交新的朋友、善言谈、愿意教导别人;关心社会问题、渴望发挥自己的社会作用;寻求广泛的人际关系,比较看重社会义务和社会道德;喜欢要求与人打交道的工作,能够不断结交新的朋友,从事提供信息、启迪、帮助、培训、开发或治疗等事务,并具备相应的能力。典型职业有教育工作者(教师、教育行政人员)、社会工作者(咨询人员、公关人员)。

(2) 企业型(E):追求权力、权威和物质财富,具有领导才能;喜欢竞争、敢于冒险、有野心和抱负;为人务实,习惯以利益得失、权利、地位、金钱等来衡量做事的价值,做事有较强的目的性;喜欢要求具备经营、管理、劝服、监督和领导才能,以实现机构、政治、社会及经济目标的工作,并具备相应的能力。典型职业有项目经理、销售人员、营销管理人员、政府官员、企业领导、法官、律师。

(3) 常规型(C):尊重权威和规章制度,喜欢按计划办事,细心、有条理,习惯接受他人的指挥和领导,自己不谋求领导职务;喜欢关注实际和细节情况,通常较为谨慎和保守,缺乏创造性,不喜欢冒险和竞争,富有自我牺牲精神;喜欢要求注意细节、精确度、有系统有条理,具有记录、归档、依据特定要求或程序组织数据和文字信息的职业,并具备相应的能力。典型职业有秘书、办公室人员、记事员、会计、行政助理、图书馆管理员、出纳员、打字员、投资分

析员。

（4）现实型（R）：愿意使用工具从事操作性工作，动手能力强，做事手脚灵活，动作协调；偏好于具体任务，不善言辞，做事保守，较为谦虚；缺乏社交能力，通常喜欢独立做事；喜欢使用工具、机器，需要基本操作技能的工作；要求具备机械方面才能、体力或从事与物件、机器、工具、运动器材、植物、动物相关的职业，并具备相应的能力。典型职业有技术性职业（计算机硬件人员、摄影师、制图员、机械装配工），技能性职业（木匠、厨师、技工、修理工、农民、一般劳动者）。

（5）研究型（I）：思想家而非实干家，抽象思维能力强、求知欲强、肯动脑、善思考、不愿动手；喜欢独立的和富有创造性的工作；知识渊博，有学识才能，不善于领导他人；考虑问题理性，做事喜欢精确，喜欢逻辑分析和推理，不断探讨未知的领域；喜欢智力的、抽象的、分析的、独立的定向任务，要求具备智力或分析才能，并将其用于观察、估测、衡量、形成理论，最终解决问题的工作，并具备相应的能力。典型职业有科学研究人员、教师、工程师、电脑编程人员、医生、系统分析员。

（6）艺术型（A）：有创造力，乐于创造新颖、与众不同的成果，渴望表现自己的个性，实现自身的价值；做事理想化，追求完美，不重实际；具有一定的艺术才能和个性；善于表达、怀旧、心态较为复杂；喜欢的工作要求具备艺术修养、创造力、表达能力和直觉，并将其用于语言、行为、声音、颜色和形式的审美、思索和感受，并具备相应的能力；不善于事务性工作。典型职业有艺术方面（演员、导演、艺术设计师、雕刻家、建筑师、摄影家、广告制作人），音乐方面（歌唱家、作曲家、乐队指挥），文学方面（小说家、诗人、剧作家）。

4.1.3　确立职业目标（我想做什么？）

哈佛大学有一个非常著名的关于目标对人生影响的跟踪调查，对象是一群智力、学历、环境等条件都差不多的年轻人，调查结果如下：3%有清晰且长期的目标；10%有清晰但短期的目标；60%有较模糊的目标；27%无目标。25年后，3%的群体：25年来几乎不曾更改过人生的目标，他们都朝着同一方向不懈地努力，现在他们几乎都成了社会各界的顶尖成功人士，其中不乏白手创业者、行业领袖、社会精英。10%的群体：大都生活在社会的中上层，他们的共同特点是那些短期目标不断被达成，生活状态稳步上升，成为各行各业不可或缺的专业人士，如医生、律师、工程师、高级主管等。60%的群体：几乎都生活在社会的中下层，他们能安稳地生活与工作，但没有什么特别的成绩。27%的群体：几乎都生活在社会的最底层，他们的生活都过得很不如意，常常失业，要靠社会救济，并且常常都在抱怨他人、抱怨社会、抱怨世界。由此看来人必须要有长期且清晰的目标，利用目标来牵引并实现个人发展。

我们一起来看一个小故事：有三个人要被关进监狱三年，监狱长给他们三个人每人一个要求。美国人爱抽雪茄，要了三箱雪茄；法国人最浪漫，要一个美丽的女子相伴；而犹太人说，他要一部与外界沟通的电话。三年后第一个冲出来的是美国人，他嘴里鼻孔里塞满了雪茄，大喊道："给我火，给我火！"原来他忘了要火了。接着出来的是法国人。只见他手里抱着一个小孩子,美丽女子手里牵着一个小孩子,肚子里还怀着第三个。最后出来的是犹太人,他紧紧握住监狱长的手说:"这三年来我每天与外界联系,我的生意不但没有停顿,反而增长了200%,为了表示感谢,我送你一辆劳施莱斯!"

这个故事告诉我们:什么样的选择决定什么样的生活。今天的生活是由三年前我们的选择决定的,而今天我们的抉择将决定我们三年后的生活。我们要选择接触最新的信息,了解最新的动态,从而更好地创造自己的将来。

1. 目标应高远

曾有人说过:"宁可扶树,不能扶草;草不成器,树可成材。"越大的树越有人关注,越有人看中它的潜力。你越是有能力、越是奋斗,就越会有人小心翼翼地呵护你。所以说天道酬勤。俞敏洪曾说:"做人有两种,一种是做草,'野火烧不尽,春风吹又生',虽说每天都在吸收阳光,每天都在成长,可是始终长不大,只能任人践踏,却没有人会可怜和同情你被踩在脚下,也不会有人在乎你的成长和辛勤的果实,在人们心里你始终是一棵小草。另一种是做树,哪怕是一粒种子,被人们踩在脚下,只要有机会吸收水分和发芽,一年、二年……二十年你就可以成为参天大树,可以给人们挡风避雨,可以成为人们纳凉的地方。当人们从你身下走出来,走到很远的地方,你依然会耸立在地平线上,依然是一道美丽的风景线和人生的坐标,依然可以给人参照,即使是死了,也可以成为国家的栋梁,做人就要做树,死了活着都有用。"仔细细想一下,人亦如此,要做就做树,而不去做路边的草或是园丁们手下的草坪。新的一年,要有新的目标和实施计划,你才会有新的成绩和更大的进步。人生总是充满挑战和坎坷,只要努力和奋斗就会有成绩的。

努力不一定成功,但是放弃一定会失败。心里有一个成功的目标,就一定要努力,不然一切都是空谈,我们要沿着自己的目标前进,只要去努力,一定会有收获。

2. 职业目标设立的原则

设立职业目标应遵循以下原则:[1]

(1) 可行(achievable),意思是就你的能力和特点而言,实现这个目标是现实的、可能的。

(2) 可信(believable),是指你真的相信自己能完成这个目标,对自己的能力非常有信心,相信自己能够在设定的时间之内完成。高成就者们常会通过设立目标来激励自己,但他们设立的目标再困难也不会难到使自己都失去完成它的信心或是连自己也不相信能完成它的地步。

(3) 可控(controllable),主要是指你对一些可能会最终影响到你实现目标的因素的控制能力。因此,你用什么方式来表达自己的目标非常重要。如果你说"我的目标是在IBM公司获得一份工作",那么,你这种表达目标的方式就违反了可控性的原则,因为这种表述方法忽略了被拒绝的可能性。而"我的目标是在下周三之前向IBM公司申请一个职位"就是一个可以被接受的目标,因为你能控制相关的因素。依靠他人的帮助来实现自己的某一目

---

[1] Robert D. Lock:《把握你的职业发展方向》[M],钟谷兰、曾垂凯、时勘等译,中国轻工业出版社,2006。

标是有风险的,因为这可能会忽略目标设立的"可控"原则。如果你的目标关系到他人,那你就有必要邀请他们参加你的计划,以争取他们的合作。

(4) 可界定(definable),这是指你的目标必须是以普通人都能理解的口头语言或书面语言表达。一个长期目标的用词必须仔细推敲,这样才有可能将它进一步分解为一系列的环节或短期目标。有时你会感到要表述一个目标非常困难,因为这需要你把抽象的感觉变为具体、清晰的陈述。

(5) 明确(explicit),这是指你只陈述某一特定的目标,并且在一段时间之内只集中于这一个目标。在一段时间之内不能集中于一个目标的危险在于:你同时有了别的目标,结果在接近最后期限的时候,你发现自己一个也没能完成。

(6) 属于你自己(for yourself),是指你制定的目标应该是自己真正想去做的事情,而不是别人强加给你的。当然,在你的生活中一定有些事是你无论喜欢与否也必须去做的,但在你的生活中还有着很重要的另外一部分,那就是你自己选择的想要去完成的事情。

(7) 促进成长(growth — facilitating),是指你的目标应该是对自己和他人均无伤害性或破坏性。

(8) 可量化(quantifiable),是指你的目标应尽量以一种能够用数字加以衡量的方式来表达,而尽量不要用宽泛的、一般的、模糊的或抽象的形式。首先要有一个可以衡量的成功或者失败的标准,以此来准确评价自己的目标。然后你可以把当前的目标保持下去,或是对部分目标进行调整,如果你认为有必要,也可以把它彻底放弃。

4.1.4 分析环境与职业定位

(一)分析环境

分析环境就是要认清环境支持或允许你做什么?职业生涯规划还要充分认识与了解相关的环境,评估环境因素对自己职业生涯发展的影响,分析环境条件的特点、发展变化情况,把握环境因素的优势与限制;[①]了解本专业、本行业的地位、形势以及发展趋势,了解任职者的素质要求。

1. 当前形势

随着我国高等院校的不断扩招,大学生群体的人数在不断增加,毕业生增多,竞争激烈,热门专业人才过剩,薪水与自己心中的期望值不符,大学生就业压力很大,大学生就业难已经成为我国一个基本的社会问题。

2. 任职资格

职业资格证书国家职业资格统一鉴定的职业包括企业人力资源管理师、物流师、心理咨询师、物业管理员、电子商务师、理财规划师、项目管理师、广告设计师、企业信息管理师、网络编辑员、职业指导人员、企业培训师、企业文化师、营销师、秘书。

---

① 卢荣远:《职业心理与职业指导》[M],人民教育出版社,1996。

(二)职业定位

职业定位就是要明白你的职业与生活是什么？[①] 这是个人才辈出的年代，孙杨是游泳冠军，张继科是乒乓球冠军，博尔特是百米冠军，巴菲特是股神，他们之所以成功，是因为他们都是在做自己最擅长做的事情。他们本来是普通人，但因为在某一点上超过了所有的人，因而获得了成功。而我们中的大多数人却仅仅是凭着一腔热情，在自己的短处上拼命努力，盲目地与别人一争短长，这样的结果就可想而知了。

我们究竟最擅长做什么？这与个人的性格脾气、才情禀赋都有直接关系。只要平时留心，我们不难从自己的生活和工作中发现，进而找到自己得心应手的那件事情。比如，我们可能解不出普通的数学题，但我们却有高超的组织能力；我们也许连一块石头都画不像，但我们却拥有一副动人的歌喉。

我们要做的不是不断地弥补自己的短处，而是去悉心经营自己的长处。在自己最擅长的领域，找到一个最佳的位置，充分发挥自己所长，坚持不懈地做下去，就一定能有所突破，有所成就！职业选择的原则[②]可以概括为十六个字：择己所爱，择己所长，择世所需，择己所利。

(1) 择己所爱。调查表明：兴趣与成功概率有着明显的正相关性。在设计自己的职业生涯时，一定要考虑自己的兴趣，择己所爱，选择自己喜欢的职业。

(2) 择己所长。不同的职业对从业者的要求不同。任何职业都要求从业者掌握一定的技能，具备一定的能力条件。而一个人一生中不能将所有的技能都全部掌握。所以你必须在进行职业选择时择己所长，从事有利于发挥自己特长的职业。

(3) 择世所需。社会在不断地发展变化，社会的需求也在相应地改变。我们并不是一定要从事这种新兴的行业，但在选择职业时，一定要分析社会需求，择世所需，否则，很可能走到职业的死角，没有退路。

(4) 择己所利。我们每个人都不得不承认，职业是我们谋生的手段，是换取个人幸福与快乐的重要途径。当我们在寻求个人职业时，谋求个人幸福的生活成为我们的首要动机，这个动机支配着我们的职业选择。

4.1.5 付诸行动

实现职业目标，就要有具体的行为措施来保证。没有行动，职业目标只能是一种空想。要制订周详的行动方案，更要注意去落实这一行动方案。

(一) 大学生活的四个阶段

(1) 一年级为试探期：要初步了解职业，提高人际沟通能力。大一的学习任务相对较轻，应多参加学校活动，增强交流技巧。

(2) 二年级为定向期：应考虑未来是否深造或就业，通过参加学生会或社团等组织，锻

[①] 肖建中：《职业规划与就业指导》[M]，北京大学出版社，2006。
[②] 徐娅玮：《职业生涯管理》[M]，海天出版社，2002。

炼自己的能力,同时检验自己的知识技能;提高自己的责任感、主动性和抗压能力,并开始有选择地辅修其他专业来填充自己。

(3) 三年级为冲刺期:临近毕业,目标应锁定在提高求职技能、搜集公司信息,并确定自己是否要考研。要积极锻炼自己独立解决问题的能力和创造性;积极尝试并加入校友网络,了解往年的求职情况;希望出国留学的学生,应多接触留学顾问,参与留学系列活动。

(4) 四年级为对接期:目标应锁定在工作申请及成功就业上,这时可先对前三年的准备做一个总结,首先检验自己已确立的职业目标是否明确,前三年的准备是否充分;然后开始工作的申请,积极参加招聘活动,在实践中检验自己的积累和准备;最后,预习或模拟面试。积极利用学校提供的条件,强化求职技巧,进行模拟面试等训练,尽可能地做出充分准备。

如今能在离校前被企业录取,算得上是人生一大乐事,但这时不能因为拿到了职位而沾沾自喜、忘乎所以,毕竟校园与社会生活还是有着较大差异的。签约至离校前的时间段里,可以有针对性地弥补一些知识及技能。

(二) 大学里的七项学习

1. 自修

教育家 B. F. Skinner 曾说:"如果我们将学过的东西忘得一干二净时,最后剩下来的东西就是教育的本质了。"所谓"剩下来的东西",其实就是自学的能力,也就是举一反三或无师自通的能力。在大学期间,学习专业知识固然重要,但更为重要的还是学习思考的方法,培养举一反三的能力,只有这样,大家毕业后才能适应这瞬息万变的未来世界。

在大学期间,最好的学习方法是在老师讲课之前就把课本中的相关问题琢磨清楚,然后在课堂上对照老师的讲解弥补在理解和认识上的不足之处。大学学习与高中的学习有很多不同的地方。高中学习知识更多的是追求"记住"知识,而大学生则应当要求自己不仅"理解"知识并善于提出问题。对于每一个知识点应当多问几个"为什么"。事实上,很多问题都有不同的思路和观察角度。在学习知识或解决问题时,不要死守一种思维模式,不要让自己成为课本或经验的奴隶。只有这样,我们潜在的思考能力、创新能力和学习能力才能被真正激发出来。

因而,我们应当充分利用学校里的人才资源,从各种渠道吸收知识和方法。此外,应该充分利用图书馆和互联网,培养独立学习和研究的本领。首先,大家一定要学会查找书籍和文献,以便接触更广泛的知识和研究成果;其次,在书本之外,互联网也是一个巨大的资源库,大家可以借助搜索引擎在网上查找各类信息。

2. 基础知识

在大学期间,一定要学好专业基础知识,只有牢固地掌握好基础知识才可以受用终身。信息时代已经来临,信息科学与信息技术方面的素养也已成为大学生进入社会的必备要求之一。所有大学生都应能熟练使用计算机、互联网、办公软件和搜索引擎,都应该能够熟练地在网上浏览信息或查找专业知识。同时,我们也要重视对英语的学习,如果口语很差,势必影响大家的就业领域和国际交流。

3. 实践贯通

有一句关于实践的谚语是这样说的:"我听到的会忘掉,我看到的能记住,我做过的才真正明白。"在大学里,同学们应该懂得每一个学科的知识、理论、方法与具体的实践、应用是如何结合起来的。无论学习何种专业、何种课程,如果能在学习中努力实践,做到融会贯通,就可以更深入地理解知识体系,牢牢地记住所学过的知识。所以,同学们应多选修些与实践相关的专业课。实践时,最好是几个同学合作,这样既可以通过实践理解专业知识,也可以学会如何与他人合作,培养团队精神。如果有机会在老师指导下做些实践的项目,或者走出校门参加社会实践(兼职等方面),只要不影响学业,这些做法都是值得鼓励的。外出打工或做项目时,不要只看重薪酬待遇(除非生活上确实有困难),有时候,即便待遇不满意,但有许多培训和实践的机会,也值得一试。

4. 培养兴趣

如何才能找到自己的兴趣呢?首先要客观地评估和寻找自己的兴趣所在:不要把社会、家人或朋友认可和看重的事当做自己的爱好;不要以为有趣的事就是自己的兴趣所在,而是要亲身体验它并用自己的头脑作出判断;不要以为有兴趣的事情就可以成为自己的职业,当然,你可以尽量寻找天赋和兴趣的最佳结合点。

寻找兴趣点的最好方法是开拓自己的视野,接触更多的领域。而大学正是这样一个可以让你接触并尝试众多领域的独一无二的场所。因此,大学生应当更好地把握住在校时间,充分利用学校资源,通过使用图书馆资源、旁听课程、搜索网络、参加讲座、兼职、参加社团活动、与朋友交流、通过电子邮件和电子论坛等不同方式接触更多的领域、更多的工作类型和更多的专家学者。如果你发现了自己真正的兴趣爱好,这时就可以尝试去转系,尝试课外学习、选修或旁听相关课程;你也可以去找一些兼职或假期实习的机会,进一步了解相关行业的工作性质;或者努力去考自己感兴趣专业的研究生,重新进行一次专业选择。

除了"选你所爱",大家也不妨试试"爱你所选"。在大学中,转系可能并不容易,所以,大家首先应尽力试着把本专业学好,并在学习过程中逐渐培养自己对专业的兴趣。此外,一个专业里可能有很多不同的领域,也许你对专业里的某一个领域会有兴趣。现在,有很多专业发展了交叉学科,两个专业的结合往往是新的增长点。另一方面,就算你毕业后要从事其他行业,你依然可以把自己的专业学好,这同样能成为你在新行业中的优势。

5. 积极主动

积极主动的第一步是有积极的态度。积极主动的第二步是对自己的一切负责,勇敢面对人生,不要把不确定的或困难的事情一味搁置起来。积极主动的第三步是要做好充分的准备,事事用心,事事尽力,不要等机遇上门;要创造机遇,把握机遇。积极主动的第四步是"以终为始",积极规划大学四年。只要认真制定、管理、评估和调整自己的人生规划,你就会离你自己的目标越来越近。

6. 掌控时间

大学四年同样也是最容易迷失方向的时期。大学生必须要有很强的自控能力,让自己多交些好朋友,多养成些好习惯,而不要沉迷于对自己无益的习惯里。大学期间,自主时间较多。这样一来,就更需要自己安排、计划和管理时间。每天管理时间的一种好方法:早上确定今天要做的紧急事和重要事;睡前回顾一下今天有没有做到两者的平衡。想把每件事都做到最好是不切实际的。在此建议大家要把"必须做的事"和"尽量做的事"分开。

7. 为人处世

将来,人们在社会和工作中与人相处的能力会变得越来越重要,甚至超过了工作本身。因而,大学生要好好把握机会,培养自己的交流意识和团队精神。

案例4-1

乔布斯改变世界

乔布斯一生最大的驱动力就是对事业的激情和改变世界的梦想。我们不妨看看,在它的驱动下,乔布斯都做到了什么:在创业时,乔布斯对于能给予自己帮助的人常常软磨硬泡、死缠烂打,不达目的誓不罢休;当他被自己开创的苹果公司开除时,竟然前往法国、意大利、瑞典、苏联,继续为苹果电脑做宣传,同时他还创办了"苹果教育基金",给加州每一所学校都赠送了一台苹果电脑;当他知道苹果公司真的希望自己离开时,他成立了一个6人小公司,从头再来,继续经营电脑事业;十几年后,在苹果公司陷入危机需要他时,他不在乎成败得失,毅然决定回到这个当年自己创办的公司,原因是他可以更好地做自己热爱的事情……

1977年,乔布斯还没什么名气,苹果公司也只是一家小公司。当时,有一位22岁的电脑人才在四处求职。他去过很多大公司面试,他每到一处都提同一个问题:"你们如何展望个人电脑的未来?"有位公司高管说:"我们觉得它肯定会成为每个人圣诞礼物单上的大家伙。"另一家公司的高管激动地说:"我们认为它会让我们的股价涨到每股超过2美元!"这些听起来都很不错,但是这位明智的年轻人并没有被打动。

最后他来到苹果公司,见到了穿着牛仔裤、留着长发的年轻的乔布斯。乔布斯滔滔不绝地讲了一个小时,他描绘了一幅个人电脑将怎样改变世界的未来景象。来应聘的这位电脑天才被这个愿景深深感召,决定留下来。此后,他为苹果公司做出了很大贡献。他评价说:"乔布斯能看到海的那头。"

资料来源:原文详见豆丁网,案例进行了改写。

【案例点评】 你的梦想和愿景究竟有怎样的高度?成功与否就在于此。电脑对于这些公司意味着什么,是一款畅销的产品,是一个能让股价飙升的工具,还是一个让世界变得更美好的梦想?这就是乔布斯胜出他人之处。可见,当一个人有着远大的事业目标时,就会具有强烈的追求事业目标的激情,那么不论外界情况怎样变化,他都可以始终如一地去做这件事情。对于这样的人来说,变化、阻力、挫折、逆境,都只是另一个契机罢了。

案例 4-2

做自己擅长的事

在二十几岁的时候,歌德一直梦想自己能够成为一个像达·芬奇那样杰出的画家。为了实现这个梦想,他一度沉溺于色彩的世界中不能自拔。为了提高自己的画技,他付出了艰辛的努力,但收效甚微。

一个偶然的机会,歌德到意大利游玩。当看到那些大师的杰出作品之后,他如梦初醒:以自己在画画上的才能,即使穷尽毕生的精力,也很难在画界有所成就。

从那时起,歌德毅然放弃绘画,把文学作为自己的主攻方向。他感慨:"要真正地发现自己并不容易,我几乎花了半生的光阴。"

资料来源:http://www.chinavalue.net/BookInfo/Comment.aspx?CommentID=43639。

【案例点评】 有些事情是自己能做的、也能做出成效的,而有些事情是自己永远都不能做成的。了解这一点,对我们至关重要。人人都有自己特有的天赋与专长,从某种意义上说,每一个人都可以称为天才。但只有少数人发现了自己的天赋,并把它充分发挥了出来,他们获得了成功,成为真正的天才。而大多数人直到退休也没有发现自己真正适合做什么。

案例 4-3

比尔·拉福的成功之路

美国著名企业家比尔·拉福年轻时就立志做一名优秀的商人,中学毕业后他考入麻省理工学院,却没有修读贸易专业,而是选择了工科中最普通最基础的机械专业。大学毕业后,他没有马上投入商海,而是考入芝加哥大学,攻读为期三年的经济学硕士学位。出人意料的是,获得硕士学位后,他仍没有从事商业活动,而是考取了公务员。在政府部门工作了五年后,他才辞职开始经商。又过了两年,他开办了自己的商贸公司。20年后,他的公司资产从最初的20万美元发展到2亿美元。比尔·拉福的每一个选择好像都处于其职业规划之中,事实也确实如此。

1994年10月,比尔·拉福率团来中国进行商业考察,在北京长城饭店接受《中国青年报》的记者采访时,他谈到他的成功应感激他父亲的指导,他们共同制订了一个重要的职业规划。最终这个职业生涯规划使他功成名就。让我们来看一下这个规划的简图:工科学习→工学学士→经济学学习→经济学硕士→政府部门工作→锻炼处世能力,建立广泛的人际关系→大公司工作→熟悉商务环境→开公司→事业成功。

资料来源:http://blog.sina.com.cn/s/blog_5f25b04a0100mc22.html。

【案例点评】 我们从比尔·拉福的职业规划案例可以看出：职业规划制订的越早、步骤越详细，实现自己的梦想的可能性越大。制订一份职业规划，然后一步一个脚印地坚持下去，终有一日你会实现自己的理想。

4.2 大学生求职

"大一的时候，我们为做职业经理人还是民营企业家而发愁；大二的时候，我们为做哪个行业的'白骨精'而发愁；大三的时候，我们为能不能拿到年薪10万而发愁；大四的时候，我们为能不能找到工作而发愁。"这段流行在大学生当中的自嘲诗歌生动地表现了现在大学生们的职业心理。

在大四的人总会对大学有很多体会，比如，如果再读一次，我一定要好好学习专业知识；如果再读一次，我一定会多参加社会实践；如果再读一次，我一定去做一回深入的实习；如果再读一次，我一定换个专业好好学习；如果再读一次，我一定锻炼好实验技能和操作能力……大学如何过，与大一相比大四又有了新的思考。

案例4-4

我大学的一个同学形象一般、比较内向，但自己的英语一直很好，大学里他将这个优势继续放大，所以英语就是他一个强大的能力，不仅考试厉害，听说读写基本都可以当他是老外，所以他能做英语老师，能做翻译，能做食品研发，能去500强。因为他其他的能力也不差！

我的一个大学很要好的朋友，他大学四年一直在做一件事情就是想着怎么赚钱，大学初期也参加社团，做社会实践，中后期更多的就是做兼职和销售，他的一个很好的特质就是容易交朋友，让别人能很快地接受他。大学里他尽管学习一般，但他还是凭借着自己的工作能力找到了一份销售工作，两年后迅速转为自己创业，这几年一直很平稳，真的为他高兴。他的核心能力就是强大的沟通能力和社交技巧，能快速建立人脉！

资料来源：编者依据实际经历改编。

【案例点评】 大学里能做好1—2件事情就很好了，然后在这些事情当中找到自己的核心竞争力。

4.2.1 求职启动时间

(一) 课业学习时间

学校的课业要照顾好,毕竟这是你以后工作能力发挥的基础,缺乏这些理论知识,对你未来工作的学习吸收速度会产生不好的影响。除了本专业的科目之外,如果还有余力,可以选读一些商学院的相关课程,如财务管理、经济学、成本会计、投资学等。这样,你的相关知识越丰富,你在工作中的理解能力与沟通能力就会相应的强化。利用学校良好的学习环境及气氛,多花些时间投资在未来是大有裨益的。

知名的招聘单位,一般会把学习成绩当做一个重要的筛选标准,以下这个问题在著名外企的网络申请表中几乎是一个必问的问题:Please indicate your academic standing during each period of education that applies to you. Top 10% of students? Top 25% of students? Lower half of students?(你的学习成绩排名第几?综合排名前10%、25%还是中等偏下?)

招聘单位为什么这么重视你的成绩?原因有以下几个方面:

(1) 成绩证明了你的"学习力"。[①] 学习力与领导力、创造力等重要素质一样,是任何大公司都极其看重的员工素质。著名的西门子公司就把"学习力"列为应届毕业生必须具备的九种职场素质(学习能力、沟通能力、关注客户的能力、结果导向能力、战略能力、指导和帮助下属的能力、环境感应能力、动手能力、团队能力)之首。

(2) 成绩证明了你的竞争力。成绩优秀的学生素质更高,这个规律至少在80%的情况下是正确的。

(3) 成绩证明了你的"上进心"。如果在学习中没有争上游的心态,你怎么可能在职场争上游?

(4) 成绩证明了你的责任心。学生的天职就是学习,如果你现在就不在乎自己的学习天职,你怎么可能在未来在乎自己的工作天职?

(二) 日常时间

有机会就多关心社会经济的发展,了解市场的趋势,不要等要就业了才来关心。要多接触有关经济的新闻、评论等,有机会多听点相关的演讲,上网搜集相关的信息,通过不断地累积来保持对社会经济的敏感度,这在你找工作的初期很重要,主考官能据此判断你是否是跟上时代潮流的人才。这也会让你开始工作时,比较容易找到头绪,更容易切入,自然也会比较容易有所表现。

职场总是这样清清楚楚地对技能提出要求,例如,广东移动招聘话务员,要求打字速度30字/分钟;花旗银行(Citigroup)招聘"信用卡客户服务专员",要求能够讲广东话;中国移动招聘人力资源助理实习生,要求会使用SPSS统计方法等。

如果你从大一开始研究招聘启事,那么你有三年半的时间"量身定做"自己所需要的技

[①] 张国华、线联平:《大学生就业指导理论与实践》[M],中国财政经济出版社,2004。

能;如果你从大四开始准备,你可能只有一个月甚至一天的时间去准备!

所以说,大一到大三的学生们,从今天开始研究招聘启事,然后,按照招聘启事的要求"量身而学"地去掌握各种技能吧!

(三) 假期时间

建议在寒暑假时,寻找有关市场工作的相关兼职机会,不要在乎薪水,只要吸收经验就好,最好每年都能在不同类型领域来兼职,这对你真正理解市场领域的工作一定很有帮助,毕竟在学校所学的理论与实际工作是有差距的,你是否真得理解并且能活用,在工作中是可以看得出来的。同时也能让你弄清楚,你对这个领域工作的热忱到底有多高。

4.2.2 求职准备

(一) 了解、定位自己

了解、定位自己实质上是一个自我知觉的过程。[1] 在求职之前,我们首先要回答一些非常重要的问题。你的人生理想是什么?你想从事的职业是什么?你有什么样的性格、兴趣爱好?适合什么职业?同其他应聘者相比,你的优势和劣势在哪里?你有哪些重要成就,做过哪些值得一提的事?你未来的发展计划是什么?你能够胜任什么级别的职位和待遇?能将这些问题想清楚,便意味着对自身有了一个清晰的认识和准确的定位,能为即将进行的求职指明方向。也许有人认为了解自己并不是一件很困难的事情。但事实上,同大多数知觉过程相比,它同样受诸多因素的影响,具有复杂性,人们在这个过程中很难保持中立和客观。所以,人们往往是从别人对自己的评价中得出自己的性格特点,从过去的一两件成就或失败的案例中总结出自己的优势和劣势,而在判断自己适合什么工作的时候,人们往往更愿意认为自己适合那些"高档"、"光鲜"的职业。

了解、定位自己并不是一蹴而就的,因此找工作通常不会是一帆风顺的。当你面对一次次挫折的时候,将如何重新审视和定位自己?这是一个非常复杂的归因过程。失败的原因是什么,是因为自己的选择、定位出了问题还是由于其他原因?是不是太自负了,目标是不是设定得过高了?不同的人经历失败后的收获也将不同,归因能力强的应聘者会在失败中敏锐地发现、分析和总结问题,从而对自己有更准确的认识和定位。而失败对于归因能力弱的应聘者来说,只会徒增其更多的困扰,使其更加难以认识、定位自己。

(二) 制作简历

简历代表个人形象,制作简历实质上是应聘者为自身制作一件华丽的外衣,它要尽可能将自己美好的一面展现出来。简历不是自传,应力求突出重点、短小精悍,切忌标新立异。[2]

---

[1] 吴薇:《就业指导》[M],华东师范大学出版社,2005。
[2] 陈核来:《大学毕业生就业指南》[M],国防科技大学出版社,2003。

案例 4-5

A 公司人力资源经理王先生面前摆着今天招聘会上收到的一千多份简历。他既欣喜又发愁，欣喜的是有这么多候选人供他挑选，发愁的是如何才能尽快从中挑出合适的人选，通知其来参加随后公司组织的面试。王先生决定先采用通常公司筛选简历使用的办法——通过关键指标筛选来剔除大部分简历。所谓关键指标，就是设定一些硬性条件，把不符合这些条件的简历剔除掉。王先生迅速地浏览着：这个专业不对口，不要；这个学习成绩不优秀，不要。轮到某大学生小张的简历了。小张为了这份简历可是下了很大工夫的，二十多页纸图文并茂地记载了他从小学到大学的各项成就，内容丰富不说，还找了专门的美术社进行排版、印刷。与其说是简历，其实更像是一本宣传册。小张投递简历的时候信心十足，心想这样精美的简历一定能吸引人力资源经理的眼球。但事与愿违，王先生拿过简历，看都没看，直接扔到了一边。"我要的信息夹杂在你这二十多页文字、图片中，看完你的简历至少要花五分钟时间，每份简历都这么厚，我今晚不睡觉也看不完所有的简历啊。"

【案例点评】 小张在制作简历时犯了很常见的知觉错误。面对海量的应聘者，人力资源经理在第一轮筛选简历的目的并不是根据你的闪光点把优秀的应聘者挑出来，而是首先把不符合条件的简历剔除掉。因此，在制作简历时，只需在有限的空间内将你的基本信息和成就简洁、清楚地呈现出来，最值得突出的部分用黑体或者斜体表现出来，这是比较职业的做法。

制作简历的建议如下：

A. 设计简历的技巧
- 简历要尽可能简短
- 让简历集中于一个特定领域或行业
- 给出你的工作成果，使用"事件：结果"这种格式，使用强势语言
- 简历的修饰和字符大小
- 陈述你的才能和优势
- 真实是获得工作的关键
- 不要使用任何借口
- 不要带附件，除非有特殊要求
- 最后检查确保无差错

B. 写简历应注意的问题
- 写给谁看
- 他（她）喜欢看什么
- 言简意赅、段落清晰、易读易记
- 有内容、有深度、有风格
- 简历必须整洁，用高质量的打印纸

- 打印多份以备用并随时更新
- 写好简历后,最好请人帮你看一下,以免遗漏或错误

C. E-mail 发送简历的技巧

- 注明申请的职位
- 用附件的形式发送简历时要注意对方邮箱对附件的兼容性
- 格式简洁明了
- 注意标题和关键词
- 求职信不可省略
- 发送后要进行跟踪

D. 写简历的忌讳

- 拷贝别人的简历格式
- 不写日期(只列公司,不列日期)
- 只有事实,没有表现
- 工作经历太乱(换行业太频繁)
- 怨恨字眼
- 个人信息(没人在乎你单身、结婚、拉提琴还是踢足球)
- 太多不相关的经历(大学以前的事情)
- 非职业化,不整洁
- 没有目标
- 只有简历,没有求职信

E. 求职信的基本格式

- (正文)尊敬的_____
- 第一部分:写明你要申请的职位和你是如何得知该职位的招聘信息的
- 第二部分:简明阐述你如何满足公司的要求
- 第三部分:给出你电话预约面试的可能时间范围,或表明你希望迅速得到回音,并标明与你联系的最佳方式
- 第四部分:感谢他们阅读并考虑你的应聘
- (结尾)你真诚的朋友、你的签名、电话号码等

F. 英文简历的基本内容

- 个人情况:Name, Sex, Date of Birth, Place of Birth, Permanent Domicile, Nationality, Martial Status, Children, Religion, Party Affiliation, Health, Height, Weight, Present Address, Permanent Address
- 职业意向:Objective Position Wanted
- 资历(Qualifications)
- 经历(Job Experience):一般逆序写

- 文化程度(Education):一般逆序写,可以包括主要课程
- 技术资历与特长(Technical Qualifications/ Special Skills)
- 著作及专利(Publications and Patents)
- 社会活动(Social Activity)
- 荣誉与奖励(Honours and Awards)
- 爱好及兴趣(Hobbies and Interests)
- 证明人(References)

(三)搜集招聘信息

在正式求职过程中,搜集招聘信息是很重要的一项内容,有时候它在很大程度上会影响应聘的效果。招聘信息不仅会为求职者提供有关职位本身的信息,还提供诸如企业概况、工作条件、发展机会等大量信息。应聘者对企业了解得越多,就越有助于做出正确的判断和选择。

案例4-6

林女士是即将毕业的MBA学生,有着优秀的外语水平和多年的实践经验,所以她信心十足地在家里等待着某著名外企的面试通知,可她等到的结果却是简历未通过。林女士质疑这个结果,人力资源经理简单地回答了她的疑问:"很抱歉,如果您参加了我们的招聘会的话,应该了解到我们这次主要招聘的是比较低级别的职位,适合没有经验的本科生。您很优秀,但我们这次提供的职位并不适合您。"

资料来源:见网址 http://www.docin.com/p-212188400.html。

【案例点评】 充分地搜集招聘信息,不仅能够提高应聘的成功概率,还可以避免使自己陷入人—企不适、人—职不匹配的境地。

(四)应聘

1. 投递简历

简历的投递亦应引起应聘者的重视。应聘者根据所投企业、职位的不同,需要对简历作相应的调整。

例如,小李将印有向A公司求职字样的简历递给了B公司。B公司的人力资源经理陈先生看到后立即将其丢弃在一旁。"无论你多么优秀,但你对我们公司这样不重视,要你来面试也是浪费彼此的时间。"简历的投递决不能出现类似张冠李戴这样的低级错误。

2. 面试中

在前面的工作做完之后,接下来应聘者将会接受面试的考验。面试是个复杂的系统工程,面试时一定要面面俱到,一个微小的细节都很可能决定应聘者面试的成功与否。事实上,面试着装也是一个典型的知觉问题,它并没有一成不变的标准,需要根据对象的不同而因地制宜。

案例 4-7

计算机系的应届毕业生小李为求职作了充分的准备,这其中自然包括一套价值不菲的西服套装。A 公司为其提供了一个程序员岗位机会。尽管只是第一轮面试,小李觉得还是应该做到万全准备,面试前特地将西装、领带、衬衫干洗、熨烫整齐,为的是给面试官一个最好的第一印象。因为是第一轮面试,公司安排了部门的一名程序员小陈来主持,希望能够考查一下小李基本的技术知识。面试过程显得有些滑稽,面对西装革履的应试者,一身休闲的面试官小陈竟然有些紧张,拘谨地问了几个问题后面试匆匆结束。握手告别后小陈松了一口气:"怎么感觉好像我被面试啊。"

有了上次的失败经历,小李这次面试吸取了教训,穿戴的随意得多。这是一家日资企业,接待人员彬彬有礼地将小李领到了面试房间。没等坐下,小李的心里已经凉了半截,因为他面前的几位面试官无一不是西装、领带。原来,对于大部分日企来讲,着装都有着严格的规定,面试更是非常正式的场合,即便是技术职位的面试,也马虎不得。

资料来源:见网址 http://www.docin.com/p-212188400.html。

【案例点评】 在面试时,一定要利用好第一印象的原理。面试者敲门进入面试房间的那一刻,面试官第一眼看到的就是你的仪容、气质。从组织行为学的角度讲,印象的形成大部分来自非语言信息,而看到的往往比听到的更加让人印象深刻。因此让自己看起来好看、舒服一些,会为自己赢得许多印象分,应聘者需要在着装问题上下一番工夫。

同其他知觉过程一样,面试是个交互影响的过程,面试官的决策往往并不取决于应试者所拥有的或者所表现出的能力,而是取决于它所感知到的应试者的能力。因此,这个过程充满了各种知觉偏差问题,如知觉的选择性、晕轮效应、知觉的恒常性等,应试者也无从把握,只能随机应变。

案例 4-8

吴经理今天的心情非常糟糕,因为上午竟然被下属当着其他员工的面顶撞,让他很是难堪。看着眼前放着的两份简历,吴经理心想心情不好归不好,可别耽误了正经事。于是,吴经理努力让自己保持心平气和的心态进行下午的面试。这是一个重要岗位的招聘,通过前几轮的面试,已经圈定了两个候选人,下午的面试两个人表现得都不错,还真是让吴经理难以取舍。既然临场表现都不错,只好参照两个人简历中的基本信息作选择了,毕竟面试只是一时的表现。简历比较的结果竟然也是各有千秋,都是学校的好学生啊。"咦,应试者甲来自A大学。A大学,那不就是上午顶撞我的女孩毕业的学校吗!"上午的一幕幕浮在眼前。"他们学校的学生不听话,不好管啊!"

资料来源:见网址 http://www.docin.com/p-212188400.html。

【案例点评】 这个案例表现的就是面试过程中经常出现的"刻板印象"效应。

案例4-9

公司的首轮面试是由参加工作两年的小宋主持的。因为专业相近、年龄相仿,小宋对应试者小李的面试过程进行得非常顺利,到了提问题的环节了。看着眼前这个比自己小两岁的小师弟,小宋觉得有好多经历可以和他分享,有许多过来人的经验想传授给他,满心期待小李来提问题。小李很是得意地抛出他早已准备好的问题:"我知道贵公司去年在A国市场实现了N%的营业额增长,同时在B国又针对该国特点,推出了XX产品,市场占有率超过了XX竞争对手……"这是小李的策略,在提问题的时候不忘表现他对公司的了解和自己的见解。"我的问题是,今后5年,公司在全球范围内是如何制定自己的战略的?"小宋顿觉哭笑不得,且不说你的前言中好多新闻和数字我也是头一次听说,就说你问我的问题,你觉得问我一个工作两年的小兵合适吗? 小宋出于礼貌,硬着头皮把从公司大会里听到的一些公司未来远景方面的信息讲给小李听,中间还要以面试官的姿态对小李不时表达的个人见解发表自己的评价。这个让小宋非常尴尬的问题终于结束了,小宋心想下个问题我要好好好做答,顺便把该介绍、该分享的东西说一下。"你还有什么其他问题吗?""您刚才的解答让我受益匪浅,我没有其他问题了"。

资料来源:见网址 http://www.docin.com/p-212188400.html。

【案例点评】 有时,面试过程中面试官会安排一个让应试者提问题的环节,这既是对应试者的尊重,也可以从中发现对方兴趣特点,而应试者却往往如临大敌,不知道该问些什么合适,以显得自己"有水平"。这个双向沟通的环节经常会出问题。

3. 面试后

考虑到知觉过程中的各种现象,面试结束并不代表你能做的努力就结束了,面试者还有很多工作可做。

案例4-10

王总正在电脑前犹豫不决:小陈和小张两个应试者表现都不错,实在难以取舍。他试图努力回忆昨天面试两个人的表现,试图做个最后决策。这时电脑提示有新邮件,打开一看,是一封来自小张的感谢信。在信里,小张又一次表达了对公司浓厚的兴趣,对面试过程中没有回答清楚的问题作了解释,最后还不忘重温一遍面试过程中的一个有趣场面。王总看后不禁一笑,昨天面试的一幕幕在脑海里又过了一遍。"嗯,就是他了!"

资料来源:见网址 http://www.docin.com/p-212188400.html。

【案例点评】 小张利用近因效应做文章,收到了意想不到的效果。

4.2.3 实习和兼职如何与就业结合

低年级大学生参加实习时,尽量选择与自己专业有关的岗位或企业,全面了解自己的专业应用情况,从而可以起到强化专业学习和提前预热专业知识的作用。而大三、大四的学生,在选择实习岗位前,应对自己毕业后的发展有清晰的职业规划,并尽量根据职业规划选择实习岗位及目标企业和目标行业[①]。

(一)找什么样的实习和兼职

大学生在求职前最好能找到一个与自己专业相关的工作岗位或是进行相关的项目实践,提早实现专业知识和工作实践的磨合。

1. 寻找"对口"实习机会

"对口"实习,也就是说,你的实习工作恰好是毕业后想从事的工作,几乎可以确保你实现"实习—毕业—就业"的三级跳。即便你实习的单位没有招聘的计划,你的这一段实习经历也几乎可以确保你在同类公司获得面试机会。

案例4-11

小孟顺利实现了上述的三级跳。小孟所学的专业是行政管理,一个很宽泛的专业。大三的时候,他看到中国移动招聘暑期实习生,立志花大力气去拼这个实习机会。为此,他详细分析了移动对暑期实习生的需求,结合招聘启事的要求与网上的一些信息,小孟发现移动主要需要实习生来帮忙做数据统计分析,所使用的软件是SPSS统计分析软件。为此,小孟赶制了这样一份申请材料:

(1)在大学里曾经用SPSS统计分析软件做过的一份作业。为了显示自己对SPSS的熟

[①] 黄晓忠:《关于大学生职业生涯规划实践的几点思考》[J],《沙洲职业工学院学报》,2009(01)。

练程度，小孟特意熬了两个通宵把报告从 4 页多加长到 10 页，而且到一间专门做标书设计和制作的打印社用 Photoshop 做了排版。

（2）一份求职信。介绍自己对 SPSS 统计分析软件的使用心得，以及如何利用 SPSS 为移动分析大量的用户数据。

（3）个人简历。主要突出自己的学习成绩中上等、在社团活动中主要扮演"得力助手"角色、擅长打乒乓球等特点。之所以突出这些优点，是因为名企向来偏爱三类学生：成绩好、执行力强、有文体特长。

小孟的申请材料理所当然地让中国移动的人力资源主管颇为惊喜，他也因此顺利地通过了面试关，成为中国移动 2006 年在广州招聘的三名实习生之一。2007 年，小孟再次以类似的申请方法，通过了同样竞争激烈的面试，拿到了中国移动的正式录用通知。

资料来源：见网址 http://blog.renren.com/share/231566701/1077728486。

【案例点评】 认真准备个人简历，有针对性地准备求职申请，对于求职成功具有重要影响。

2. 找不到"对口"的就找你能进的"最大的"公司

在某种程度上，找实习机会的竞争比就业的竞争还要大，因为大部分公司并不招聘实习生，即使招聘，也为数寥寥。在这种情况下，找到"对口"的实习单位变得更为艰难。那么，你可以暂时忽略自己的最终职业定位，无论是什么职位，只要是大公司招聘，你尽可以去尝试。当你真正进入那间公司之后，你可以在 120% 地完成本职工作之余，"默默地"接近你最心仪的那个部门，认识里面的人，观察他们所做的事情。实习经历，其实并不能真正使你掌握某个行业的核心业务技能，其主要目的是增强你大四简历的竞争力，同时，你可以接触一些高素质的人，从他们身上学到一些东西。从这个意义上来说，即便实习和你的就业目标并不"对口"，也不必太在意，只要能和高素质的人接触，做什么工作都无所谓。

（二）如何寻找实习机会

1. 校园宣传栏的招聘广告

很多企业在假期前一个多月就会在校园召开假期实习生招聘会，尤其是假期较长的暑假，所以每年的 5 月后，在校生就要积极准备，为自己寻找适合的暑期实习机会。

2. 企业网站

很多知名网站都有专门针对大学生的实习招聘栏目；此外还要时刻关注自己目标单位的网站里的招聘信息；当然直接与目标单位的人事管理人员联络是最方便快捷的途径，作为人事管理人员是很欢迎这样的大学生来关注其工作范围内的招聘信息的。

3. 学校的就业指导中心

积极关注本校就业指导中心发布的实习、兼职等信息，这样的消息来源会让实习具备有效性和针对性,同时也要和就业指导中心的老师进行适当的沟通,了解实习市场,并做好自我推荐,给指导中心的老师留下较好及深刻的影响,那你的实习和就业都会事半功倍的。

4. 亲朋好友

最后还要充分利用自己的人脉关系网,这也是一个非常有效的寻找实习机会的途径。可以向老师、家长、亲朋好友等传达你寻找实习机会的相关信息,这时更要重视与师兄师姐的联系,尤其是专业流向较集中的专业,如金融、建筑等相关专业,这样可以及时掌握招聘、实习信息。

(三) 注意事项

不影响学习、防骗、人身安全、权益保护。

4.2.4 对求职有影响的活动

(一) 社团活动

应该根据自己未来的求职方向,有目的地选择一些和自己未来职位有关的专业性社团,例如,文秘专业的学生可以考虑加入公关礼仪协会、广播站,组织知名企业进行讲座和培训;计算机专业的学生可以考虑加入网站设计或者电脑硬件维护等协会,到某个专业的IT公司(再小都可以)真正参与一个项目的开发;市场营销专业的学生可以考虑加入演讲辩论协会、大学生创业行动等协会;希望做老师的学生可以考虑加入演讲学会、辩论团等。

(二) 参加大公司的新人选秀

通过参加各大公司的技术大赛来敲开自己的职业生涯大门,已经是比较常见的了,不过这对专业和能力的要求较高。目前业界这样的比赛很多,尤其是编程类的,例如最近正火热报名的百度程序之星设计大赛(详细见 http://astar.baidu.com)。这个大赛已经进行了7年,一年比一年受关注度高,已然成为计算机类毕业生找工作的一大捷径,而今年增强了趣味赛,更考验参赛者的创意。据说只要在大赛里有好的表现,就有机会直接进入百度上班。而且即便不去百度,你也会成为微软、Google 等公司眼中的"红人"。其实圈里类似的比赛还有很多,如 ACM、微软创新大赛等,如果你的技术够强,不妨走这个捷径,如果顺利的话,刚毕业就接到猎头的电话一点也不奇怪。

(三) 从大学中开始尝试管理职位

人的职业发展可以比较笼统的分为四类:一是走技术路线,完全靠着自己的专业和研究或者技术经验吃饭,比如说去工厂里做技术总监,或者做研发;二是走管理路线,用超好的领导力和组织协调能力来领导和指导团队;三是技术+管理的路线,比如说大学里的校长、院长、系主任,研究所里的所长和领导等,这些职位都需要业务能力强,同时需要领导能力;四是自由职业,如写作、绘画等,或其他想干就干,只要干了就有收入的职业!

如果想去做管理,可以尝试中间的两种可能,当然将专业和管理结合起来更佳。管理职位的要求你可以去浏览招聘广告,基本上都要求具备很好的领导力、人际关系能力、及一定的创新能力等,有的还要求有一定的学生干部经验,比如高校招聘辅导员、行政人员都要求有学生干部经验,甚至直接上升到学生组织的高层。

在500强的招聘中,一些特别知名企业的管理培训生岗位让很多人眼红,然而,这样的企业经常适用关键字搜索功能来筛选候选人:学生会主席、发表文章、辩论赛冠军等。很多学生虽然履历极度丰富,参加许多次活动,但想进名企却非常困难,原因很简单:他在过去,只扮演了配角,甚至是配角的配角,很少扮演主角。很多名企的招聘原则很简单,做干事的,进了企业也就是最好的干事;而担任领导的,进了企业很快就能做管理。

所以,如果你想进知名企业,担任重要职位,如果想考公务员或者在事业单位从事行政工作,你必须从大学开始,不停做主角。当然可以从配角开始干,如果真是一直是配角,这也只能证明你管理潜质一般。

(四)联系学长积累人脉

已经毕业的学兄学姐是大学生求职路上的领路人。他们既有丰富的求职经验,对相同专业领域的就业状况也有切身感受。更重要的是,他们经历过求职,对学弟学妹的求职心理感同身受,能给予很多切实的指导。如果大学生的求职目标已经锁定了具体行业、公司或者职位,最好去找已在其中工作的学长,了解具体岗位的职业素质要求、企业招聘特点等,对将来参加招聘非常有用。如果可能,还可以请学长推荐在目标企业谋求实习生的岗位,与未来的求职目标近距离接触。

4.2.5 关于考证

为拿到更多就业"敲门砖",越来越多的大学生花费了大量的精力和不菲的学费加入到火热的考证大军中去。

(一)证书的"多"与"精"

现在各种各样的证书考试让很多学生眼花缭乱,除了必要的英语四、六级以及计算机等最基本的证书外,各种专业资格证书更是种类繁多,要"多"还是要"精"。

证书考多考少要量力而行,毕竟大学生的时间和精力都有限,既要完成专业课和其他公共课的学习,又要利用四年的时间提升自己的综合能力。既然鱼和熊掌不能兼得,就要学会取舍。

虽然证书从一个方面体现了大学生四年求学的能力水平,但证书是否多多益善,还是一个很难明确回答的问题,毕竟每个人的职业理想不同,而企业对证书的态度也不尽相同。有些企业会以证书的多少来评判面试者是否有被录用的资格,另外一些企业则认为能力胜于一切,所以大学生们要懂得如何取舍。

(二)上"培训班"的意义

面对一波又一波的考证热,各种培训班也如雨后春笋般涌现出来。培训班究竟能对"考证率"起到多大作用?培训班对考证的意义主要是:

(1)增强针对性。培训注重因材施教,通过参加培训,可以提高考证的针对性。

(2)突出重点。通过培训,在系统掌握考试内容的基础上,可以更好地抓住重点。

(3)增强实战性。相比较而言,培训班的专家有更多的关于考证的实战经验。通过参加相关培训,可以增强应试的实战性。

应当指出的是,现在社会上形形色色的培训班鱼龙混杂、良莠不齐。是否要参加考证培训班,应综合考虑多种因素。例如,个人的学习能力、经济状况、时间成本和培训机构的信誉,等等。

（三）证书的价值

在如此繁多的证书中,到底哪些证书最为社会所认可,真正可以增加求职的砝码呢？

近日,一项由国内诸多权威媒体推行的"你心目中的大学生求职十大最有用证书"调查活动在各高校展开。调查结果显示,在入选的十大证书中,学校的荣誉证书已超越英语四、六级证书列为首位。荣誉证书包括奖学金、三好学生、优秀毕业生、优秀学生干部证书等。三所高校接受采访的教师均表示,目前很多用人单位认为,这类证书能从侧面反应应聘者在校期间的表现,尤其是社团活动能力、组织交际能力等。其中,奖学金证书被很多企业列为筛选简历的必要条件,没有奖学金证书,甚至连面试的机会都没有。然而这一类证书往往容易被同学们忽略,在采访中发现,很少有同学提及学校的这些荣誉证书。

此外,专业资格证书虽然没能入选十大证书,可它仍具有举足轻重的作用。毕竟很多职业必须要有资格证书才能正常上岗,如导游资格证、律师资格证、报关员证书等,这些都是参与相关岗位竞争必不可少的。

案例4-12

"大学生村官"王先美：来自农村,回归农村

最近一段时间,王先美每天晚上总是拖着疲惫的身子回到住处。奥运会期间,北京市政府开始着手建立农村养老保险制度,身为村主任助理的王先美忙碌于村里的各家各户,进行走访宣传。

2008年6月,毕业于中国青年政治学院思想政治教育专业的王先美成为一名大学生村官。王先美现就职于北京市大兴区安定镇某村,担任村主任助理一职。"刚来的时候我有点不太适应,现在已经好多了。"环境的恶劣、条件的艰苦,对于这位24岁的年轻村官来说,都远比在大学里遇到的苦要多得多,但这却没有动摇王先美的决心。对于农村,王先美并不陌生。他出生于湖北省一个贫困的农村家庭,由于家庭困难,他在踏入大学大门的那一刻就决定了毕业以后直接就业,而且不一定非得留在城市里,甚至去西部也可以。"我从小就生活在贫困的山村,也能够真正体会到作为农民的辛苦。"大学期间,与其他奔波在各种活动中的大学生不同,王先美初进大学便把时间都交付给了学校的图书馆。四年来,他的学习成绩一直稳定。

进入大四,由于学的是冷门专业,王先美一开始就把求职的目光投向了国家公务员。在国家公务员的笔试考试中,王先美以130多分的高分顺利通过,这一结果令他喜出望外。可

面试成绩出来后,他被淘汰了。

这样的结果让王先美一时难以接受,毕竟奋斗了那么久,差那么一点点就成功了。此时,班里的同学们要么考上了公务员或研究生,要么找到了合适的工作,甚至解决了北京户口。但是,王先美没有沮丧。"离毕业越来越近了,家里压力大,我没有时间去伤心难过,只能咬着牙继续坚持下去,去寻找其他的机会。"

之后的日子,王先美重新投递简历开始找工作。起初,他想回湖北老家的人才招聘市场寻找机会,但由于今年学校的校园招聘会开始得较晚,所以延误了回老家的计划。校园招聘会也并不像他预期的那样理想,前来招聘的都是一些不知名的小企业,而且对专业都有严格的限制,结果,没有任何用人单位招收思想政治教育专业的大学生。王先美对这次校园招聘会的期待化为了泡影。

接下来,王先美开始在各种招聘会和招聘网站上投递了许多份简历,并挤入长长的求职队伍中,期待着机会能够降临在自己的身上。可是从中关村人才市场到北京大学的人才招聘会,用人单位不是不招思想政治教育专业,就是要求有北京户口,王先美再一次遭受了打击。公务员考试、校园招聘、社会招聘……几乎所有的尝试都是以失败告终,面对这些挫折,王先美后来说:"我不太会说话,也没什么经验,可能这些尝试都不是最适合我的,我还是应该做一些我真正能够做的事情。"

2008年5月初,学校公布了要在校内竞选北京村官的启示,当时王先美所在的马克思主义学院有两个名额,他开始萌生了要当村官的想法,并得到了父母的支持。学院里总共有15位同学报了名,经过笔试面试等严格的筛选,王先美最终入选。

王先美回报农村的心愿最终以"大学生村官"的方式得到了实现。回首并不平坦的求职之路,王先美说:"虽然就业形势一年比一年严峻,但不是严峻到让大学生找不到饭吃的地步。我们班里所有的同学毕业前都找到了工作,我觉得大学生在求职时还是要有足够的信心。"

虽然每个月只有2 000元的工资,但王先美并不后悔当初的选择。王先美村官的合约签的是三年,三年后,他就会拿到北京户口,而且届时考公务员还可以优先录取。就在一个月前,一起来农村任职的一位同学辞职了,但王先美依然在坚持着。

资料来源:http://www.jsdxscg.gov.cn/html/2008-11/739.shtml。

【案例点评】 求职的过程也许是有些艰辛的,但有时求职的成功就在于坚持一下。

案例4-13

在求职中找到自我

虽然上班才只有短短的两个月时间,但梁伟总体感觉不错。"毕竟专业对口,而且工作之余有充足的时间来学习知识,这对我来说有很大的发展空间。"他笑着说。2008年六月,老家在山东的梁伟从北京语言大学英语系毕业,成为宋庆龄基金会网站的一名英文编辑。

在此之前,梁伟一心想进的是大型外企,这个想法在刚进大学时就已经确立。大一时,在毕业学长与新生的交流会上,梁伟非常羡慕那些通过努力奋斗进入世界顶级企业的师兄师姐,他发现他们当中的很多人都曾经参加过学生会。于是,梁伟也进入了系学生会,并且一干就是三年。从普通干事到系学生会主席,他的综合素质得到了极大的提高,无论是文笔、演讲还是活动组织都做得十分出色。"当学生会主席的经历对于我后来的求职肯定是有帮助的,至少它会让我的简历更具吸引力。"梁伟说。

进入大四后,当其他同学早已为求职忙前忙后时,从学生会主席退下来的梁伟才刚刚着手制作简历,以至于错过了很多场招聘会。如今就业市场对学历的要求越来越高,问及为何选择直接就业,梁伟笑着回答:"原因很简单,我不知道考研专业的方向,所以在迷茫中就业是最好的选择。"

此时,梁伟并没有因为比别人起步晚而心急如焚,他也没有参加历年定时召开的各大招聘会,相反,他直接在网上投递了很多简历。期间,尽管梁伟也被一些公司录用,可他并没有最终定下来,他心中依然向往着知名的国际大企业。在这期间,他积累了大量的面试经验。他总结说:"在面试中,高效率地展现自我是赢得面试官好感的重要一步,也就是说,要具备优秀演员的基本素质,要能在有限的时间内将自我展现到极致。"之后,梁伟经历了多次大型外企的激烈竞争,大学期间的优异表现使他顺利通过了每次网申,笔试也发挥得很出色,不过面试似乎总会成为他实现外企之梦的门槛。

从毕马威、玛氏到利洁时的最终面试中,他都由于临场表现离外企要求还存在一定差距最终没有被录用。梁伟说:"面试中往往存在较多的偶然因素,论其自身原因的话,我还是没能较好地抓住对方心理,把他们想要的东西表现出来。"不过他认为,准备面试的过程可以学到很多东西,可以让自己了解不同的公司及所在行业,而这些都是在学校里难以得到的宝贵财富。

几次失败后,已经到了四月,但是梁伟依然没有找到理想的工作。看着周围许多同学在这个时候基本都有了归宿,曾经是学生会主席的他感到有点压力。于是,他不得不调整心态,在下一轮的网申、笔试和面试中积极地争取着任何难得的机遇。

这时宋庆龄基金会开始招聘。这个消息发送到了北京语言大学外国语学院英语系里,看到这个通知后,梁伟马上投递了简历。在顺利经过了笔试、一面和二面之后,梁伟开始焦急地等待最终结果。

等待的过程是备受煎熬的。"那时赶上了汶川大地震,宋庆龄基金会在筹备赈灾,所以公布结果的日子又推延了,最后大概等了半个多月才得到通知",梁伟说。结果是,他从众多具有工作经验的竞争对手中脱颖而出——他被录用了!

资料来源:http://www.jsdxscg.gov.cn/html/2008-11/739.shtml。

【案例点评】 在求职过程中,一方面心态要随时调整好,不能慌乱;另一方面要提前准备并熟悉求职过程,时间上要做好安排。找工作的过程是一个不断学习、让自身得到提高的过程,同时也是认识自己、逐渐挖掘自身亮点的过程。

案例4-14

IBM软件工程师刘庆:时刻准备着

"多为未来做准备,这样当机会降临的时候才能有把握机会的能力。大学生找工作是这样,在工作中也是这样,只有平时多研究,多储备技术,那么当真正遇到问题的时候才能从容应对。"谈起自己的求职经历,刘庆一脸轻松地说。

刘庆是安徽宿州人,研究生学历,2008年6月毕业于中国科学技术大学电子工程与信息科学专业。早在2007年5月,他就申请了IBM北京总部的暑期实习计划,在做了五个月的实习生后,与IBM公司顺利签约,今年毕业后正式入职工作。与其他人"广撒网"的求职方式相比,刘庆的求职目标比较单一和明确,求职过程也比较顺利。问及秘诀,他笑着说:"凡事预则立,不预则废。"实际上,为了能够进IBM,刘庆早早就开始准备着。从大一到大四,作为理工科专业的学生,刘庆的生活很简单,学业压力较重,几乎都是在上课、复习、考试的轮回中度过。在尝试了不同的生活方式后,刘庆发现自己对技术员的生活还是最喜欢的,最终决定读研好好学习技术。从本科到硕士研究生,刘庆积累了丰富的专业理论知识和技术研发经验,尤其在研究生阶段锻炼了分析解决技术问题以及从事探索研究性工作的能力,按照刘庆的话说,"大学本科是理论根基,研究生则要让这根基真正为建造更壮美的高楼而服务,这座高楼就叫实践"。

在研一时,刘庆便开始了追逐IBM的梦想之旅。为了能够早日实现这一梦想,刘庆来到导师的公司做兼职。一年之内他做了许多项目,积攒了大量的开发经验,并在后期担当起核心技术和设计的角色。之后,刘庆转而投简历到另一家大型公司做兼职。在那里,他学习到更专业的技术视角、更先进的开发技术和更规范的开发流程。到了研二下学期,有一家小公司邀请刘庆去兼职做技术经理,负责该公司一个部门的技术指导以及项目设计。这次的工作经历对刘庆来说是不平凡的,以前是做技术开发人员,但作为技术经理则要负责更具体的项目设计,也要承担起更大的责任。

机会总是留给有准备的人,2007年5月的一天,刘庆在食堂门口无意中看到IBM的暑期实习生招聘海报,于是就向其中一个部门投递了简历。很快,IBM安排了多轮电话面试。在经历网上笔试、电话面试及终面等环节后,表现出色的刘庆最终被录取为实习生。由于IBM里的实习生比较多,所以即便是通过层层严格筛选出的实习生也未必最终会被正式录用。"如果想通过实习留下来工作的话,就要好好表现了,整个过程当中其实最辛苦的不是劳动量大，而是心理上比较累。"

刘庆说，IBM 的录用通知一般都是在公司开始招聘的时候才会发放，同时也是其他公司招聘的高峰期。如果这一阶段将心思用于找其他工作机会的话，就有可能影响到在 IBM 的实习工作；但如果不另寻退路，IBM 的录用通知也许拿不到不说，还会错过黄金招聘时机。

比较幸运的是，在实习五个月后，也就是 2007 年的国庆节，刘庆终于拿到了梦寐以求的录用通知。"当时我们的团队里面一共有三个实习生，但最后只有我一个人被留了下来。我想 IBM 之所以选择我，应该是因为我比较胜任这份工作，能够符合岗位的需求。"刘庆说。

"即使当时 IBM 没有录用我，我也有很多其他的选择，我在合肥兼职过的多家企业都希望我能去他们那里工作。我觉得研究生就业还是比较有优势的，而且大量的兼职经历也是求职时的一大法宝。"

资料来源：http://www.chsi.com.cn/jyzd/qzxd/200809/20080909/8216751.html。

【案例点评】 对大公司不必有畏惧心理，只要早做准备，多实践，锻炼自己的能力，你也许会发现进国际级大企业未必有想象中的那么难。

第 5 章　职业选择与准备

引　言

凡事预则立,不预则废。机会总是给有准备的人,有准备的人生才有可能是精彩的人生!因此,对于刚刚走进大学校门的大学生,告知"可能走的路",了解"每条路"的职业要求,并有计划地进行职业规划和准备,对于大学生来说非常必要和重要。每个人,只要认清自己的职业目标和职业发展方向,并制订切实可行的职业发展计划,坚持不懈、持之以恒地朝着目标前进,就一定能成功。

辅导目标

通过实践学习,了解职业的不同选择,如公务员试、考研、创业、出国留学等主要职业发展方向,使同学们有动力带着目标去更好地完成大学学业,树立明确的职业发展目标,为将来顺利实现就业创业,实现职业理想打下坚实基础。

5.1　公务员考试

5.1.1　公务员制度介绍

公务员,是在政府部门工作的人员,指依法履行公职、纳入国家行政编制、由国家财政负担工资福利的工作人员。公务员的法律地位是指公务员在各种法律关系中享有权利、承担义务的综合表现。

(一)公务员的分类

国家公务员分为政务和业务两类。政务类公务员,必须严格依照宪法和组织法进行管理,实行任期制,并接受社会的公开监督;业务类公务员按照公务员法进行管理,实行常任制,国家公务员应履行宪法、组织法、国家公务员法以及国家公务员条例规定的职责。

公务员考试分为国家公务员考试和地方公务员考试。国家公务员考试是指中央、国家机关以及中央国家行政机关派驻机构、垂直管理系统所属机构录用机关工作人员的考试。地方公务员考试是指地方各级党政机关、社团等为招录机关工作人员而组织进行的各级地方性考试。

国家和地方考试单独进行,不存在从属关系,考生可根据自己要报考的政府机关部门选择要参加的考试,两者可同时报考,相互之间不受影响。

(二)公务员的基本制度

中国国家公务员制度的基本内容在《国家公务员暂行条例》有18章88条,规定了10种制度:职位分类制度、录用制度、考核制度、任免制度、职务升降制度、奖惩制度、培训制度、交流制度、回避制度、申述控告制度。总的来说政府下一步对公务员制度改革的重点是推动以人为本、关心公务员成长、制定措施吸引优秀人才、精简机构和人员、分散下放权力强调制度的灵活性、加强能力培训、提高人员素质、完善竞争机制、改革分类制度、改革业绩评估制度和考核制度、建立灵活的工资制度、提升道德标准。

(三)公务员考试的竞争状况

公务员又被称为"铁饭碗",所以每年都能吸引上百万人投身其中,表5-1通过2004—2012年历年录取情况来分析公务员考试的竞争状况。

表5-1　2004—2012年国家公务员历年录取率

年份	总分	行测分	报名人数	招考人数	录取率	最热职位
2012	100	55	1 330 000	17 941	1.35%	4 124∶1
2011	100	55	1 415 138	16 207	1.57%	4 961∶1
2010	105	55	1 041 845	15 526	1.44%	4 224∶1
2009	105	60	1 040 000	13 566	1.28%	4 723∶1
2008	105	55	800 000	13 977	1.67%	3 592∶1
2007	110	60	535 574	12 724	2.38%	4 407∶1
2006	115	60	365 000	10 282	2.86%	2 014∶1
2005	120	60	310 656	8 400	2.70%	322∶1
2004	135	65	181 488	7 900	4.35%	—

大家看到这个表后可能会思考,为什么有这么多人报考公务员,我适合考公务员吗?如果是,我该做哪些准备呢?

5.1.2　适合考公务员的人群与不适合考公务员的人群

(一)适合考公务员的人群

人们在做职业规划时,除了要考虑职业性格和职业兴趣外,还要有一个清晰的职业规划。选择报考公务员之前,有必要对报考职位的工作性质、内容进行了解,评估是否符合自身的兴趣爱好和发展需要,仅把考公务员看成是一种就业选择或提高收入的途径是不行的。

经过众多职业规划师研究分析,有以下四类人比较适合做公务员。①

(1) 立志从政者。如果对从政感兴趣并希望在仕途有所发展的人,参加公务员资格的考试是进入国家机关、政府部门的必经之路。如果你从小立志从政,对国家政治具有独特的兴趣和爱好,并且具有出色口才、高情商等能力适合在政界长远发展,就必将成为"考公族"的忠实"粉丝"。

(2) 追求工作稳定者。金融危机给职场带来巨大冲击,稳定高于一切的就业观充斥着每一个渴望职业发展稳定的人,他们想要寻求安定、少风险、按部就班的工作状态。因而,成为国家公务员队伍的一员,对于追求工作稳定者来说无疑是个上选。

(3) 缺乏发展空间者。某些地区由于地理位置、历史等原因经济不发达,人均收入普遍偏低,职业发展空间有限,难以保证较高的生活质量。于是,发展受限的在职人士以及毕业后回到原籍的高校学生不约而同地将公务员考试作为一次职业选择的跳板,纷纷上演"鲤鱼跳龙门"。其中缘由不乏公务员有着较高的社会地位及相对优越的待遇,同时能够提供更好的生活保障和更大的个人发展空间。

(4) 就业难的青年求职者,尤其是应届毕业生。随着我国高等教育普及化的实现,大学生就业难已成为民生问题。加之受全球金融危机的冲击,职场竞争压力进一步加大,当公务员成为许多青年学生谋求稳定职业的主流。大学四年专业性的学习限制了大学生们对其他技能的学习及发展,针对求职技能低下的大学毕业生们,报考公务员不失为较好的选择。

(二) 不适合考公务员的人群

以下三类人不适合做公务员:

(1) 事业上要求有快速回报的人。这一类人,通常是事业型人才,他们渴望创业,有野心,并且追求快速回报,希望通过个人努力快速地实现规模的扩大和创造利润。对于这类人来说,个人的满足感来自个人价值的良好体现,而个人价值的实现又来自事业上的每一次上升。一旦在职业发展上停滞,个人的职业满意度就会降低。政府部门、机构与企业最大的不同就在于企业的扩张与赢利是在风险中实现的,而在政府部门与机构中更多的是一种维护、维持,是一种平稳的状态。企业型的人通常骨子里会有一种冒险的精神,四平八稳的环境是不适合他们的,他们会感到个人价值难以实现。

(2) 不擅长协调人际关系的人。报考公务员的人往往是出于稳定的原因考虑,因此个人性格是否适合对是不是能够长期从事这一职业而言就显得尤为重要。如果不能在这个行业中沉淀下来,稳定是无从谈起的,也就失去了当初报考公务员的意义。有些人无论是在校期间还是进入社会走上工作岗位后,都比较排斥与人交往,把自己与人群隔离开来。不善于处理人际关系,也是很多人在单位做得不开心,转而投考公务员的一个原因。然而,作为公务员,从根本上说是为人民服务的一项职业,少不了与人沟通、交流的环节。如果适应不了,即使捧着"金饭碗",前景依然不乐观。

---

① 李伟:《新世纪大学生就业指导》[M],西安交通大学出版社,2002。

（3）"凑热闹"的人。基于这样的原因参加公务员考试的自然大有人在。很多人本来对于为什么要考公务员以及成为公务员的益处并没有一个很清晰的想法，但是受周围多数人报考的影响自己也会报考。例如，有些高校毕业班的学生眼看同寝室或者同班同学都报名参加了公务员考试，自己也会抱着"重在参与"的想法一同报名。更有一些"考试族"凡是有报名资格的考试无一遗漏，当然也少不了公务员考试。

对于这三类人群，个人建议最好考虑清楚自己报考的理由，不要看别人报考就一定也要自己考，如果没有清晰的目的，为了考试而考试只能无谓浪费你的时间和精力，可能比此更不幸的是适合你的机会正在流失。

在这里需要强调的是，每个人都处于动态调整过程中，可能你现在处于不适合考公务员的人群中，但是如果下定决心报考公务员，可以拿出必胜的决心，尝试改变自己，也依然会在公务员的道路上获得成功。

5.1.3 公务员考试介绍

（一）考试资格

公务员考试均会有网上资格审查。报考资格的详细内容可以通过网络获得，需要大家注意的是具体岗位对专业的限制，一般对人力资源管理专业的限制不多，但是有些岗位对专业严格限制，如金融类专业。如果大家致力于公务员考试，可以通过修读第二专业扩大自己可选岗位的范围。

（二）考试时间及内容

中央、国家机关公务员招考工作的时间是固定的，报名时间在每年10月中旬，考试时间在每年11月的第四个周末。

省级公务员考试的时间交错展开，其中山东省的主要集中在每年3月。

考试内容目前一般为行政职业能力测试（简称行测）和申论。行测考察的是分散性思维，申论考察的是综合性思维，具体是考查概括能力与分析能力，将主观思想客观化。

如果参加公务员考试，建议参加相关专业培训，这可以节约时间、提高效率。

（三）公务员考试流程

公务员考试目前采用的是网上报名方式。

（1）招考职位查询。

（2）报名方式。网上提交材料和查询、报名确认与领取准考证主证、自助打印准考证副证。笔试合格的人员进入面试时，须出示本人身份证、学生证（工作证）原件，缺少上述证件或与报名时提交的个人信息不符者，不得参加面试。考生参加面试时，必须同时携带准考证主证、副证和身份证。

（3）需减免考试费用的家庭困难考生，必须携带以下材料，由各省市负责考务工作的部门审核确认后，办理减免考试考务费用的手续：享受国家最低生活保障金的城镇家庭的考生须携带其家庭所在地的县（区、市）民政部门出具的享受最低生活保障的证明（原件）和低保证(复印件);农村绝对贫困家庭的报考人员凭其家庭所在地的县(区、市)扶贫办(部门)出具的特困证明(原件)和特困家庭基本情况档案卡(复印件)办理减免手续。

(四)公务员考试分类

(1)以主管机关为依据,可以划分为国考、省考和市考。

(2)以考试结果为依据,可以划分为职位型、资格型,目前以职位型为主,这有利于实现公平。

(3)以对象为依据,主要包括公务员、人民警察、军转干、选调生、村官和三支一扶。其中,人民警察、军转干需要特殊条件。

5.1.4 备战公务员考试

学生树立"平常心"淡然备战公务员考试,将备战过程融入生活,通过对社会的关注、公民意识的提高来间接提高公务员考试提出的相关要求。

(一)关注社会、博览群书为申论写作奠定基础

申论给定的素材来自生活、反映社会。作为学生,关注社会热点以及社会不同群体对同一热点的评论,从而促进自我观点、自我意识的形成,并尝试将所思所想形成文字与他人共享。总之,掌握社会热点,了解他人对社会热点评论的方式。

但是,申论需要较为正式的写作文风,大一、大二我们已逐渐形成了自我思维和意识,下一步需要严谨的文风与表述风格,可以通过阅读《南风窗》、新华社社论、《人民日报》等来进行自我熏陶。

(二)培养扩散性思维方式,做好行测的备考

行测的题型丰富,解题思路多样,要有意识地培养扩散思维、增强想象力。

首先,要根据自己的情况制订一个详细和科学的复习计划,并严格执行,所谓"剩者为王",即只要制订了计划并坚持下来的话就战胜了90%的对手。

其次,学习资料的选择。目前市场上关于公务员考试的资料非常多,质量也良莠不齐,建议大家主要看真题,并且资料的选择也不宜太多。

最后,需要说明的是,随着社会对公务员考试的重视,社会各阶层的参与,其中以媒体为主,促使公务员考试的规范性、公平性都得到显著提高。只要有较硬的素质能力,相信可以脱颖而出。

案例5-1

公务员考试不理想　女孩宾馆服药自杀

女孩王英(化名)在奎屯一家宾馆服药自杀,所幸被及时发现送往医院,才挽回了生命。警方调查分析认为,她可能是因为没考上公务员而产生轻生念头。

奎屯市公安局北京路派出所办案警察告诉记者,5月9日下午,他们接到报警赶到现场发现,"王英侧躺在床上,跟她说话,她只眨眼,身体一动不动,也不开口回话。"警察随后看到桌上有半包老鼠药,推断王英可能服毒,且已中毒导致面部僵硬,口吐白沫。警察随即拨打120,将王英送往医院抢救。

据了解,王英家在伊犁,今年22岁,在奎屯一所学校上学,今年4月参加了公务员考试。事发前,王英已在宾馆住了3天,5月9日下午,宾馆服务员询问客人是否续房,敲了半天门也没人答应,便进房查看,发现王英躺在床上一动不动,怎么问都不应声,当服务员看到桌上的半包老鼠药时,才想到她可能自杀,上前摸了一下,发现有体温,便迅速报警。事发后,警方联系到王英的母亲,王英的母亲已从伊犁赶到奎屯。她说,女儿平时很乖,在学校表现也很好,自己能承受解决的事她从来不跟父母讲,事发前还向老师请了假。参加公务员考试前,王英表示自己准备充分,非常有信心。

王英的母亲说,事发前一天中午,她和女儿网上聊天,女儿说到自己的公务员考试成绩不理想,没能考上,她感觉女儿情绪很低落,随后电话也打不通了。她担心女儿出事,就坐班车从伊犁赶往奎屯,想不到女儿真出了事。

办案警察说,他们处理现场时发现,王英的笔记本电脑开着,点击任务栏上的文档,跳出一段文字——"爸爸妈妈,来世再做你们的女儿,记住,你们要幸福地生活下去,我爱你们!"警察还发现了一些报考公务员的材料。目前,王英已脱离生命危险。

资料来源:原文详见亚心网,案例进行了改编。

【案例点评】 公务员考试是大学生的一个职业选择,但并不是唯一的出路。像王英这样性格内向的人,很难适应公务员的生活。即使笔试通过,面试也很难通过。所以大家在选择自己的职业道路时,一定要考虑职业对性格的要求,要进行职业和性格匹配。

5.2 考 研

5.2.1 硕士研究生的种类

研究生教育属于国民教育序列中的高等教育,又分为两个层次:硕士研究生和博士研究生。目前我国硕士研究生种类比较复杂,可以从以下角度划分。

(一)按学习方式不同,分为全日制硕士生和非全日制硕士生两种

前者指在高等学校和科研机构进行全日制学习的研究生;后者指在学习期间仍在原工作岗位承担一定工作任务的研究生。

（二）按学习经费渠道不同，分为国家计划内研究生、委托培养研究生和自筹经费研究生

计划内研究生：培养经费由国家提供，又分为非定向研究生和定向研究生。其中计划非定向研究生，通常就是我们所说的"公费"研究生。非定向研究生毕业时实行双向选择的自由就业制度；定向生则在录取时就必须签订合同，毕业后按合同规定到定向地区或单位工作。

委托培养研究生：培养经费由委托单位提供，录取时签订合同，毕业后到委托单位工作。

自筹经费研究生：培养经费由招生单位在培养条件、指导力量具备的前提下，用指导教师的科研经费，或向社会多种渠道筹措解决。学生毕业后按自筹经费培养合同就业，合同中没有规定就业去向的，通过"双向选择"实现就业。

（三）按照培养目标和培养方式不同，可分为学术型研究生和专业学位研究生

专业学位（professional degree）与学术型学位（academic degree）处于同一层次，培养规格各有侧重，在培养目标上有明显差异。学术型学位研究生按学科设立，其以学术研究为导向，偏重理论和研究，培养大学教师和科研机构的研究人员；而专业学位研究生以专业实践为导向，重视实践和应用，培养在专业和专门技术上受到正规的、高水平训练的高层次人才。专业学位教育的突出特点是学术性与职业性紧密结合，获得专业学位的人，主要不是从事学术研究，而是从事具有明显职业背景的工作，如工程师、医师、教师、律师、会计师等。专业学位研究生与学术型学位研究生在培养目标上各自有明确的定位，因此，在教学方法、教学内容、授予学位的标准和要求等方面均有所不同。

（四）按照考试方式分类不同，硕士生入学考试分初试和复试两个阶段进行

初试分为全国统一考试、联合考试、单独考试以及推荐免试。全国统一考试中部分考试科目由教育部统一组织命题。联合考试是教育部批准的特定学科（类别）、专业（领域）的部分考试科目由全国统一（或联合）命题的考试。单独考试是经教育部批准的部分招生单位，为符合特定报名条件的在职人员单独组织命题而进行的考试。推荐免试是部分高等学校按教育部规定推荐本校优秀应届本科毕业生，确认其免初试资格，由招生单位进行复试的选拔方式。

5.2.2 考研应考虑的因素

报哪个学校，考什么专业？这是每个考研人不可回避的首要大事。目前考研的考试制度是，公共课+专业课，其中公共课是全国统考，而专业课却是由各个招生单位自行决定的，不同学校考察的要求和难度不一样。大多数学校的专业课考试都会指定若干本参考书目，考生以参考书目的内容为复习重点。因此，科学定位、理性选择目标院校和专业意义重大。

（一）报考专业因素

有人说：高考选的是学校，考研选的是导师。这句话是很有道理的。一位优秀的导师，不仅能让学生的学术水平得到很快的提升，更能帮助学生在就业时提升自己的价值。优秀的导师就是一块"金字招牌"，不仅代表着学术的前沿，更象征着实力和信誉，因此，很多用人

单位在招聘研究生时,也会很看重研究生的导师情况。

也许有人会说,这跟选"名校"没有冲突,而且必须要考名校。"名校"不管是硬件还是软件都较那些"普通院校"有着不可比拟的优势:"名校"的图书馆拥有大量的前沿资料,实验室里摆满了最先进的仪器;"名校"云集了众多学术前沿的领头人,蕴藏着深厚的文化底蕴。

但是,这并不是让我们放弃"普通院校"的理由,因为"名校"并不集中了全部的优势资源,很多"特色院校"虽然整体实力不是很出众,但在某些"特色学科"方面却独树一帜。首先,硬件方面的优势,如丰富的图书资料、先进的科学设备等,这些在信息技术高度发达的今天,已不是特别明显的优势,我们完全可以借助网络等资源来弥补"普通院校"与"名校"的差距。其次,某些学校虽然不见得是"名校",但在某些学科方面却是非常有特色的,比如上海大学的社会学专业、北京邮电大学的通信工程专业、徐州医学院的麻醉学专业,以及一些民族大学的民族学专业等。这类高校不是"985工程"的"名校",有些甚至都不是"211工程"的高校,整体实力肯定不如那些综合性的"985工程"的"名校",但他们的"特色"专业在行业内却有口皆碑。相反,有些"名校"总体实力很强,但不能兼顾所有专业均衡发展,致使某些专业发展停滞,甚至都不如一些"普通高校"。最后,"名校"之所以为"名校"是因为这些学校有着较为悠久的历史、治学严谨、学习氛围浓厚,但这并不意味着"普通院校"的学习氛围不行。相反,"普通院校"因为"普通",危机意识更加深刻,学习的情绪更高,况且,是否愿意学习最主要的还是在于个人。

因此,我们在选择考研目标院校的时候,最主要的不是看目标院校名气是否够大,而在于你所报考的专业在这所学校是否很强、学科建设是否受到学校的重视。

（二）自身实力因素

每个参加考研的同学,最大的愿望莫过于能顺利通过考试,被目标院校录取。因此,在选择考研的目标院校时不得不先估量一下自己的实力。

（1）英语是很重要的一关。由于现行的考研政策规定,必须总分和单科成绩都要达到教育部当年公布的分数线才有机会参加复试,很多同学总分很高,可却因为英语相差一两分而与复试失之交臂。英语的复习是一个长期积累的过程。很多考研的过来人都说:考研其实就是考英语。这句话可能有失偏颇,但也不无道理。

（2）在选择院校时最好能问问自己,对所选的专业是否能保持热情,一直坚持下去。有些同学由于准备不够充分,或者自身实力不济,无法考上自己心仪的学校,但又非常想去自己心仪的学校去深造,这时该怎么办?如果自己对所学的专业足够热爱,建议先选择考研难度较低、有把握考上的学校去读,在读研期间进一步提升自己的实力,做好更充分的准备,在考博的时候再选择曾经心仪的学校。

（3）自身的经济情况。读研毕竟不能人人都是公费（或者是全额奖学金）,学校提供的生活补贴也不一定完全够用,所以,在考研时不仅要考虑自己能否拿到报考院校的公费名额（或者奖学金）,还要考虑当地的消费水平。

(三) 选择科研院所

与一般的高校招生单位相比,选择科研院所有许多优势,这值得每一个考研人深思。

第一,与一般高校相比,例如,财政部财政科学研究所等科研院所科研实力雄厚,录取程序也更公正。科研院所只进行研究生的培养,没有自己的本科生,这使得自身的"名气"不大,每年报考的学生相对较少,录取率更高;没有自己的本科生,也使得科研院所在招生时,录取程序更为公正,不会出现一般高校招生中偏爱招收本校学生的情况。

第二,科研院所的培养侧重实践,实践能力更易提高。与一般高校的培养模式相比,科研院所在注重理论培养的同时,更加侧重实践操作。许多科研院所在进行研究生培养时,主要以承接项目的形式来进行培养,使学生能直接参与到项目中,锻炼学生的动手实践能力。

第三,研究生待遇高。由于培养学生的经费大多是来自所承接的项目,所以学生在读研期间相对于"半工半读",除了能获得一些生活补贴之外,导师还会额外给予许多补贴,生活待遇自然也就比一般高校高了。

5.2.3 考研信息的获取渠道

如果确定了要考研并确定了报考目标院校和专业后,要和学校主动联系,获得最新的招生信息。

1. 招生简章

一般在7—8月招生简章会由学校的研究生招生主管部门公布。上面会列出:招生单位名称、代码、通信地址、邮政编码、联系电话、联系人、专业招生人数、考试科目、参考书目等最基本的信息。

2. 系(院、所、中心等)办印发的招生具体说明

为了弥补招生简章的不足,避免考生不停地打电话询问有关信息,有的招生单位(一般都是具体的招生单位如系、院、所和中心等)会特别公布一些说明,例如:历年报名人数、录取人数、录取比例、录取分数、参考书目等(保送人数、保留学籍人数仍无法公布,因为他们一般要到11月研究生报名之前才能确定)。

3. 已毕业或在读研究生

通过与目标学校的毕业生或在读研究生联系,获取更为详尽的考试信息。

4. 平面媒体考研信息

各招生院校在招生期间,为扩大学校及专业的知名度,会在各种报刊、杂志等平面媒体刊登考研信息,以吸引更多优秀的学生报考。认真研读此类信息,有助于个人更为科学、理性地选择目标院校和报考专业。

5. 网站考研信息

目前,浏览网页已逐渐成为人们获取信息的主要途径。学校网站、各专业化招生网站能为考生提供更为丰富的考研信息。

5.2.4 考试程序

1. 报名

报名时间由教育部统一规定,一律采取网上报名与现场确认相结合的方式。网上报名日期为一般为当年10月10日到10月31日,每日9:00—22:00(逾期不再补报,也不得修改报名信息)。考生登录"中国研究生招生信息网"(官网网址,http://yz.chsi.com.cn;教育网址,http://yz.chsi.cn)浏览报考须知,按教育部、省级教育招生考试管理机构、报考点以及报考招生单位的网上公告要求报名,凡不按要求报名、网报信息误填、错填或填报虚假信息而造成不能考试或录取的,后果由考生本人承担。在报名期间,考生可自行修改网上报名信息。

2. 初试

初试一般在次年一二月,春节前一两个星期。考试要持续两天,进行四门考试,每门考试三个小时(建筑设计等特殊科目考试时间最长不超过6小时)。考试地点一般在地市一级教育招生部门或者招生的高校设立的考点。考生在报名时按照规定选择其中一种考点。

3. 调剂

次年3月学校招生部门公布初试成绩。3月下旬教育部有关部门公布当年复试分数线。从分数线公布到发放复试通知的这一段时间是很关键的,如果名次不是特别理想,录取结果不明确,就要多与报考学校(院、系)联系,或者尽快联系其他院校申请调剂。

4. 复试

复试一般在4月中旬至5月上旬,一般是差额复试。对以同等学力资格报考的考生,学校一般还要书面加试本专业的本科阶段核心课程(一般会在学校招生简章中列出考试科目)。

5. 录取

复试成绩合格,学校将发函到考生档案所在单位,将档案等有关材料调往学校审查。6月上旬学校发放录取通知书,将考生关系包括组织、户口、工资关系等,转往学校(委培培养除外)。接到录取通知书,按照上面的报到时间,一般在9月初,你就可以去心仪已久的学校了。表5-2清晰地列出了考研备战时间表。

表5-2 考研备战时间流程表——以2013年考试为例

准备阶段	2012年 1—2月	1. 搜集考研资料,确定考研目标,听考研形势讲座 2. 选择专业,全面了解所报专业的信息,准备复习 3. 可参加寒假基础班系统地学习英语、数学等需要长期积累的科目。文科专业的可以开始政治的预习
	2012年 2—3月	分别听最新的考研公共课、专业课免费讲座,购买考研真题,评估自己的实力,可参加春季辅导班,制订学习计划

(续表)

复习阶段	2012年4—5月	第一轮复习：重点科目是英语等公共课目，不要急于做模拟试题，要着重于基础的复习。法律硕士考生开始预习专业课
	2012年6—7月	着手专业课第一轮复习，全面关注考试大纲，购买最新大纲，准备暑期复习
提高阶段	2012年7—8月	第二轮复习：开始重点复习专业课、政治，巩固英语和数学，参加暑期班、特训班，做到各科同步提高
	2012年9月	1. 关注各招生单位的招生简章和专业计划，购买专业课辅导书，有导师的专业联系导师 2. 强化专业课、公共课的复习效果，不断完善复习总体结构
	2012年10月	1. 对前两个阶段的复习进行总结、梳理、查缺补漏 2. 确定十一长假复习计划，开始专业课的系统复习 3. 研究生开始网上报名，谨慎填报，牢记报名信息
	2012年11月	研究生考试报名工作确认开始，考生到指定的地点进行现场确认，缴费并照相
冲刺阶段	2012年12月	第三轮复习：进行全面冲刺复习，可参加专业课、公共课冲刺班进行查缺补漏，进行模拟实战训练，最后梳理考点
考试阶段	2013年1月	调整心态，准备考试
复试调剂阶段	2013年3月	放松心情，查询初试成绩。了解报考院校往年复试信息
	2013年3—4月	关注复试分数线，关注所报院校及专业的最新动态，准备复试 如果达到复试分数线，却没有被通知复试，可联系相关专业院校准备调剂
	2013年4—5月	全力复试，联系招生单位，关注复试成绩
报到阶段	2013年6—7月	关注录取通知书的发放
	2013年9月	报到

资料来源：中国研究生招生信息网。

案例5-2

从秣马厉兵、出征到凯旋

每个人都有许多的故事，而对于我，考研是其中最为浓墨重彩的一个。2009年4月8日，这一天一场旷日已久的战争终于结束，从没有人清楚这期间我到底流下了多少汗水，忍受着孤独，承受着未曾有过的压力，努力追逐着自己的梦想。初试复试总分第四，获得全额奖学金和助学金，院长成为我的导师。这样的成绩足以令我欣慰，值得我一年来为此所付出的努力，也对得起家人始终给予我的默默支持。

考研是我在本科进校就有的想法，虽然那时对研究生并没有多少概念，但还是觉得应该去尝试。有了这样的想法，接下来的便是积蓄能量，前三年对英语和专业课所花费的功夫难以估量。从大三下期到第二年1月9日，QQ签名已改成秣马厉兵。整个大三下学期我都在

"折磨"着自己和我的那本红宝书:单词看过无数遍,崭新的红宝书和剑桥英汉词典都已翻得破烂不堪。

9月大四开学,离考研只有最后的四个月了。我一直都是在一个固定的大教室自习,那里可以通宵看书,因为痛恨自己贪睡、早上起不来,有好几个夜晚我都是在教室里度过的。班上的男生考研都很努力,每天你追我赶,你晚上十二点自习回寝,我就一点回,相互较劲,其实这也是应该和必需的,相互比较让自己懂得了差距,于是越发努力。到了10月,专业课已看过了几遍,但掌握的多少怕也只有百分之六七十,浅浅的一个印象就足够了。政治我不努力,总是期待明天。大部分的时间我都放在了英语复习上,一篇英语阅读我可以分析一个晚上,历年真题我甚至可以背得出来。

我始终对政治复习不怎么紧张,感觉有些理论离实际太远,可这种想法却只会苦了自己,毕竟政治100分,谁都要考。最后一个月我加大了对政治理论的复习力度,狂做博闻2 000题,收效显著。对英语的充分重视,占据了大多数的复习时间,从而弥补了这一考试短板;专业基础还算扎实的我对初试的专业基础课内容信心十足,所投入的时间较少。初试成绩也印证了对自己实力评估的正确性:英语66,政治67,专业258。

在初试结束后的第三天我回家过年。在家待了一个月,实在坐不住,又回到了学校,开始盼着3月10号出成绩,但心里也有点怕。实际上2月26日,湖南考研成绩就出来了,同学让我查,我不相信,当然也还是有点怕。27日查成绩,比考试还紧张,鼻头都在冒汗。时间过得太快,一下就到了4月8日复试,我开足了马力,还是像初试一样对待,7日晚上12点我还在篮球场上看书,读英语。凌晨回寝室只感觉身上冷、喉咙疼。8日的早晨是我三个月以来起得最早的一次,6点就起来了,复试并没有我先前想象得那么恐怖,顺顺当当地就过来了,复试考得还好,原本初试第七,复试后我排到了第四。前六名才有全额奖学金,很幸运复试这30%的加权帮了我的忙。

最后简要谈谈考研经验。

① 想考好研,就必须把英语作为重中之重来抓,这绝对必要。② 政治注重理解,想考高分,就必须多做选择题,分数差距就在这。③ 专业必须稳扎稳打,灵活运用的前提是烂熟于心。④ 考研培训班可以报,但上了课就必须及时消化,不然等于白上。⑤ 重视计划,确保每日、每星期、每月都有计划,计划要切实可行,制订了就必须完成。⑥ 尽量保证情绪稳定,避免外界影响,建议抽空唱唱歌、跑跑步。⑦ 推荐书目:俞敏洪《考研英语词汇》、胡敏《新航道考研翻译》、张剑《历年英语考研真题》等。⑧ 锻炼身体、注意营养,健康的身体是好好学习的根本保障。⑨ 考研就要做一条潜伏的大蛇,耐得住寂寞并持之以恒。

资料来源:知识宝库网,2011年11月9日。

【案例点评】 从上述案例中可以看出,及早确定"考研工作"目标,做好"考研工作"职业规划,分析自身的优势与劣势,在"考研工作"中就能效率倍增,高质量地完成规划目标。

案例5-3

一个考研失败者的"成功"经验

成功的真谛在于1000次跌倒后,仍能在第1001次站起来。

从小爱看励志书籍和伟人传记的我,在去年大三时想都没想就投入到了展现进取心的滚滚考研洪流,但一年后,在毕业实习的旅途中,同学的通报分数电话无情地粉碎了我加冕硕士帽的梦想。

回首往事,考试失利的原因其实并不难找,但其中最大原因还是在于自己对梦想的不够坚定,我决心考研,却没想过我到底为什么要考,能拿到研究生的录取通知书是一个令人向往的目标,但我忽略了准备考研却是一个单调、寂寞、丝毫不激动人心的过程。

有人说,考研人群分为三种:一种功利型;第二种远大理想型;第三种就是我这样的跟风型。其实不管你的出发点是什么,但最终想达到目标都只有一个途径,那就是你必须静下心来,全心沉入考研课程的海洋中。如果总是患得患失,在考与不考之间徘徊,在找一份工作是不是也不错的比较中犹豫,那即使整天在教室自习,也只是灵魂出窍后留下的一具躯壳而已。

考研需要耐力、信心、忍受寂寞、学会放松。既然选择了考研就不能朝三暮四,有其他的心思。我知道做到这一点很重要,但非常困难。奉劝大家,考研就是四个字"坚持+专注"!

此外,没有一个合理的复习计划,这也是重要原因。这样将使我们不能很好地利用时间,一部分知识点不能充分地理解和掌握。

制订合理有效的学习计划是考研成功的保证。把考研时间划分成不同阶段,针对各阶段的特点有所侧重地安排任务,根据整体复习与阶段复习、单科复习相配套的原则,结合自己的实际情况,制订出全面兼顾、有的放矢的计划,能最大限度地发挥作用,但这也是非常难的。例如我,因为公共课较弱,而专业课自认为是本校老师出题,应该问题不大,所以把专业课的复习延到了十二月,这就有了太大的投机成分,最后,所谓的"内幕消息"不太灵通,导致全盘失利。如果我们订的计划合理,且能够循序渐进地完全执行,相信肯定能高效率地达到目标。

同时消息闭塞,错过一些必要的信息,也是很多如我一样失败的人心里说不出的痛。

现在的考研实际上是一个信息战争,得到一些确切的相关信息不仅可以节省你的时间和精力,而且还会出其不意地得到一个理想的结果。

有的人如我,喜欢买一堆书,一人埋头苦干,以为工夫下到了,自然水到渠成。但考研还讲究效率和针对性。公共课的命题趋势、重点,专业课历年的题目、有没有换老师命题等信息,将很大程度地影响考研结果。

考研期间要多和考研的战友交流,这样可以获得一些大家都心知肚明的信息;通过多种途径与考过该专业的学长请教一下考研经验,吸取一些教训;了解一下专业课老师的喜好,有可能就旁听他讲的课;再分析一下历年真题,一般都可以得出一些结论来;还有就是利用网络获取一些相当实用的信息。

然后计划过于宏伟,对自己要求过高,也是导致我们心态逐渐变差、同时效率下降的一个重要原因。

最后准备不足,我在考完后的感觉是:题目不难也不是很偏,只是自己花在复习上的时间太少了,自己的复习准备不足。

虽然我在很早之前就声称考研了,可那也是"雷声大,雨点小",没有什么实际行动。到了7月以后好不容易有了行动,但由于不是很投入,也没有什么效果。等到幡然悔悟时,离考试也就没多少时间了。更可怕的是不到火烧眉毛不着急,就如我对待专业课的态度,待到着急时,后悔都来不及了!所以每年号称有近百万人报名考研,但真正坐到考场上坚持考完而且有信心者,寥寥无几。

我想说的是,对于考研,准备不在于早,而在于是否真正用心准备,是否真正全身心地投入。我有很多同学,七月开始着手准备,此时距考试还有半年,最后结果也非常理想。但千万记住:一旦开始动手准备,就要全身心地投入,至少要保证每天有8—10小时的复习时间,否则,到时候你也会像我一样后悔的。

资料来源:万学海文网,2008年5月20日。

【案例点评】 凡事预则立,不预则废。明确目标,理清自己的考研动力,这是每一位考研人应该首先做到的事情。全力以赴,有所为,有所不为。调整好心态,制订合理的计划,梳理好每一步骤并坚持不懈,才是备考的关键所在。

5.3 创　　业

5.3.1 创业教育的背景

20世纪的最后二十五年,创业活动极大地改变了世界经济格局。首先,很多技术信息都包含于最终的产品和服务中,创业提供了使技术信息向产品和服务转化的机制;其次,创业成为推动产品和过程创新的机制,据美国国家科学基金会估计,美国目前98%具有创新意义的新产品是由小企业开发的,但只占用不到5%的国家研发费用;最后,创业提供发现和减轻经济中时间和空间上的无效率的机制,著名创业理论家彼德·德鲁克(1985)认为创业型企业是支撑美国经济的主力,据美国联邦小企业署统计,美国的小企业向社会提供的产品和劳务约占国民经济总产值的42%,创业成为推动美国经济发展的最活跃的动力和源泉。[1]

---

[1] 黄才华:《大学生就业与创业指导》[M],教育科学出版社,2005。

全球所有新兴产业以及新的经济增长点几乎都是由创业活动推动或提供的,创业活动的贡献得到了全球经济发展的证实,成为社会经济发展的动力之一。

中国改革开放的三十年,是从计划经济向市场经济转变的三十年,也是创业活动不断显现活力的三十年。艾瑞市场咨询(iResearch)根据大中小企业划分标准,统计出2006年中国中小企业的总数为3 151.8万家,较2005年增长了11.2%,中小企业数量占总体企业数量的比值已超过95%。综合分析,iResearch预计未来五年中国中小企业将继续扩张,中小企业数量将保持7%—8%的增长率,2012年中小企业总数将达到5 000万家。中小企业创造的最终产品和服务的价值占国内生产总值的55.6%,工业新增产值占74.75%,出口额占62.3%。目前,我国65%的专利是由中小企业发明的,75%以上的技术创新是由中小企业完成的,80%以上的新产品是由中小企业开发的。中小企业已成为技术与机制创新的主体,对经济多元化增长、劳动力多渠道就业的贡献巨大,成为支撑国民经济发展不可或缺的重要力量。① 1995年联合国教科文组织指出"在一个'学位=工作'这一公式已不再适用的时代,高等教育培养未来的毕业生不仅是求职者,而且还应该是成功的企业家和就业创造者"。胡锦涛同志在党的十七大上的报告中指出:"实施扩大就业的发展战略,促进以创业带动就业","完善支持自主创业、自谋职业政策,加强就业观念教育,使更多劳动者成为创业者"。

近年来,我国高等教育实现了跨越式发展,招生规模一再扩大,大学毕业生的就业压力十分沉重,仅仅给学生传授专业知识和指导学生如何找一份工作已经越来越不能适应形势的需要,缓解就业压力的根本途径在于社会提供更多的就业机会,而更多的就业机会来自越来越高的创业成功率。创业,应该是时代赋予现代大学生的重任。② 因此,培育大学生的创业精神和创业技能,提倡和鼓励大学生自主创业,不仅是高等学校创新教育与素质教育的重要体现,也是改革传统人才培养模式、促进传统高等教育观念的转变、增强大学生对未来创业环境的适应能力的方式,更是创造新的就业机会和就业岗位、缓解社会就业的巨大压力、保障经济社会稳定发展的重大战略举措。③

5.3.2 创业的概念和本质

创业作为一个经济范畴,主要是指为了创建新企业而进行的、以创造价值为目的、以创新方式将各种经济要素综合起来,使其发挥最大效益的一种有目的的经济活动。

创业就其本质而言,是一种生活方式的选择。对于任何一个创业者来说,选择创业不是选择财富和荣耀,也不是选择地位和尊严,而是选择了和所有的创业者一样的生活方式。④ 作为一个创业者,从他决定创业的第一天起,他的生活就和创业联系在一起——吃饭时会想着创业,睡觉时也会想着创业;为了创业,他可以牺牲陪伴家人的时间,为了缓解资金压力,

---

① 姚俊平:《中小企业的作用与现状》[J],《中小企业管理与科技》(下旬刊),2008(06)。
② 钟发亮:《大学生创业教育的实施》[J],《教育评论》,2004(05)。
③ 陆文利、李晨:《论高校大学生创业精神的培养》[J],《人力资源管理》,2010(06)。
④ 崔万珍:《大学生创业支持系统的构建研究》[J],《中国大学生就业》,2007(15)。

可以透支孩子的教育经费甚至父母的养老基金。所以,当你考虑创业的时候,首先要想清楚这是不是你想要的生活方式。

创业与就业的本质区别是谁对结果负责。① 对于就业的人而言,是自己做了事情,别人承担后果;对于一个创业者而言,是别人做了事情自己承担后果。在一个企业里,无论你的员工是创造了巨额财富还是造成了重大损失,最终的结果都要由创业者自己承担。如果一个就业者能够以创业者的心态去就业,勇于承担,敢于负责,时刻考虑到自己的行为将会给企业带来的后果,就一定可以成为一个优秀的员工。

5.3.3 创业项目的选择——商业模式简析

对于大学生而言,选择创业项目似乎是一件很困难的事情。究其原因,主要是因为大学生缺乏基本的商业训练和商业实践,无法对可能的商业机会作出准确、全面的判断。

商业就本质而言是一种价值交换,当我们希望从我们的顾客那里赚取利润的时候,首先应该考虑到我们所提供的产品或者服务满足了顾客哪方面的需求,为顾客创造了什么样的价值?② 其次,我们应该认真核算,为了提供这样的产品或服务,我们花费了怎样的成本和费用,顾客能够接受什么样的价格,以及顾客所接受的价格与我们产生的成本费用之间的差额是多少? 同时,我们还应该清醒地认识到,市场上有多少人能够提供同样的或者可替代的产品或服务,与我们的竞争对手相比我们的核心竞争优势是什么? 最后,我们还应该看到市场上有多少人需要我们的产品或服务,通过我们的竞争优势我们可以争取到多大的市场份额? 以上所有问题的答案汇集到一起,就形成了一个商业模式的雏形。

所谓商业模式,是为实现定位的客户价值和投资价值而构建的利益相关者的交易结构。③ 美国著名的管理学家,被誉为"现代企业管理之父"的彼得·德鲁克曾经这样评价商业模式:"当今企业之间的竞争,不是产品之间的竞争,而是商业模式之间的竞争。"由此可见,商业模式对于创业项目选择的重要性。

5.3.4 创业融资

(一) 融资的基本概念和融资需求分析

融资是指企业从自身生产经营及资金运用情况出发,根据未来经营发展的需要,通过一定的渠道和方式筹集资金,以满足后续经营发展需要的一种经济行为。④

万事开头难,资金是大多数创业者在创业之初遇到的瓶颈。资金如同企业的血液,资金充足不能确保创业企业成功,但资金短缺必然使企业走向衰败。我国的创业企业在融资方面存在较大的困难,突出表现在融资方式单一、渠道狭窄、融资难度大、成本高、融资风险高

---

① 李洁:《从美国四所著名大学的创业教育谈创业与创业教育的关系》[J],《中国青年科技》,2005(04)。
② 〔美〕迈克尔·波特:《竞争优势》[M],陈小悦译,华夏出版社,1997。
③ 魏炜、朱武祥:《商业模式的经济解释:深度解构商业模式密码》[M],机械工业出版社,2012。
④ 陈愚、杨秀苔:《基于创业投资的企业融资模型研究》[J],《商业研究》,2003(15)。

等方面。由于大多数创业企业都处于为生存而挣扎的状态中,属于小资金启动、低成本运营,在它们的初创阶段,能够得到银行、风险投资机构的重视和青睐的少之又少。再加上创业企业自身的原因,如信息不透明、资产信用不足、财务制度不健全、报表不实、竞争力不强、缺乏融资相关经验和知识等,融资之路举步维艰。因此,学会融资的知识和技巧,能够"融他人之资"为创业企业"输血"是每一个创业大学生的必修课。

创业企业寻求融资,主要是基于以下几种原因:①

(1) 出于创业项目启动的需要。很多创业者经过深入的市场调查,发现适合自己的创业项目,但缺乏启动该项目的"第一桶金"。

(2) 出于创业项目进行过程中短期资金周转的需要。由于对创业项目进展过程中的困难估计不足,或者遭遇突发事件,致使创业企业资金断流,必须通过融资方式解决当前资金短缺的困难。

(3) 出于企业应对预期风险的需要。创业企业面临复杂的市场环境,由于规模小、资金不足、抗风险能力较差,为确保能够有效地规避预期的风险,通过有计划地融资以提高抗风险能力是很有必要的。

(4) 出于企业业务提升或跨越式发展的需要。经过初创阶段的发展,形成成熟的商业模式后,需要大规模资金的进入以满足业务发展或企业扩张的需求。

(二) 创业企业的主要融资渠道

总体来看,我国创业企业的资金来源主要有以下十个:②

(1) 个人储蓄。创业者在企业中的个人投资是必要的,也是必需的。个人投资一般源于个人储蓄,个人储蓄是创办新企业时使用最频繁的融资来源。对于大学生创业者来说,个人储蓄可能很少,甚至没有。如何才可以通过自己的积累获得创业的"第一桶金"呢?很多创业成功的大学生是在大学期间通过参加一些科研项目、奖学金、勤工俭学以及半工半读等方式获得资金。这部分资金的获得虽然比较困难,但也是大学生自有资金的主要来源。大学生只有把通过劳动积累的自有资金投入到创业企业,才能更好地学会珍惜创业机会,学会如何保护股东的利益。

(2) 家人和亲朋借款。除了创业者自己的储蓄外,向家人和亲朋借款往往是创业企业可以利用的另一个最常用的融资渠道。融资原则上依靠抵押或者信誉,由于大学生没有抵押资产,也缺乏社会信誉记录,容易获得信任的对象就是自己的家人或亲朋。需要指出的是,家人和亲朋的借款一般是出于对创业者本人的信任,而没有对创业项目进行充分考察,因此也具有较大的风险。

(3) 其他个人投资者(天使投资)。天使投资一般是在特定行业或创业投资领域具有一定的行业经验和企业管理经验,并且具有丰厚的个人资本积累的个人投资者。尽管天使融

---

① 赵海:《创业环境与社会发展》[J],《理论导刊》,2003(12)。
② 真柏:《赢得创业资金的六种方式》[N],《亚太经济时报》,2003年5月31日。

资比一些正式的融资更容易得到,但天使投资者对创业企业的要求非常严格,因此,创业者必须谨慎对待投资者提出的各种条件。

(4) 商业信用融资。这是企业利用其商业信用,在销售商品、提供服务的经营过程中向客户筹集资金的行为。具体信用形式包括商业票据、信用证、信用卡、担保、赊销、预付款等。商业信用融资大多用于企业短期融资,商业信用融资的关键是企业和创业者个人的商业信用水平。

(5) 基于资产的商业银行贷款。这是银行贷款的主要方式,是指银行为了保证其资金能够得到偿还,要求企业以自己的资产或现金流为抵押。常见的资产抵押贷款包括应收账款贷款、存货贷款、设备贷款和房地产贷款等。

(6) 免资产担保的银行贷款。并非所有的银行贷款都必须由自己提供担保或抵押,现在很多商业银行为了拓展信贷业务,充分考虑了创业者寻找担保的实际困难,主动帮助寻找担保方,为有意创业的人提供免担保贷款;同时,为鼓励创业,我国还批准设立了部分投资基金和中外合资的资产管理公司,为创业企业提供融资担保,这些融资渠道手续相对简便,但一般额度较小且具有较强的时限性。

(7) 政府资助项目。政府为了资助、鼓励某一行业发展或解决特定社会问题,会提供一些资助项目,如有关"三农"的扶持资金、支持环境保护和新能源方面的专项资金等。政府资助的形式包括税收优惠政策、财政补贴政策、政府基金融资、贴息贷款等。

(8) 加盟大公司。很多大公司为了扩大市场份额,选择连锁加盟的方式扩充自己。除部分企业是通过收取加盟费为自己融资外,有相当一部分正规的加盟连锁公司为扩大加盟商队伍,采取赠送设备、免费装修、免收费用等优惠措施,对于部分缺乏创业资金的大学生来讲,这等于解决了创业初期资金不足的难题。

(9) 风险投资。风险投资在我国是一个约定俗成的具有特定内涵的概念,其实把它称作创业投资更为妥当。风险投资一般通过投资于一个高风险、高回报的项目群,将其中成功的项目进行出售或上市,实现所有者权益的变现,同时弥补失败项目的损失,并使投资者获得高额回报。风险投资更多倾向于投资经营比较成熟的企业,只有少部分资金投向初创企业。

(10) 出售股票。这主要是针对有一定的盈利业绩或良好发展潜力的创业企业的一种融资渠道,通过以私募或公卖的方式出售股票给外部私人投资者获得资金。如果企业存在持续大规模扩张的机遇而资金不足时,企业所有者可以考虑通过销售股票出让部分所有权引入其他所有者。

(三) 创业不同发展阶段企业融资渠道选择

创业企业最初的融资通常是典型的个人融资。[1] 创业者首先是用个人储蓄,然后努力得到家人和亲朋的帮助。只有在这些来源不够支撑创业企业的发展时,创业者才会求助于天

---

[1] 曹经辉、彭作钢:《创业投资》[M],中国城市出版社,1999。

使投资、银行、风险资本等外部渠道。图 5-1 反映了企业在不同时期可使用的不同的融资渠道。

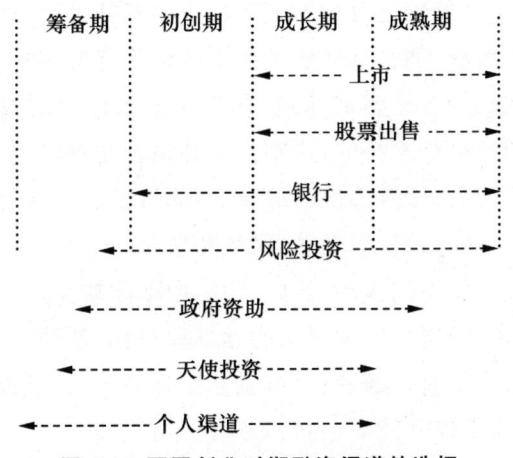

图 5-1　不同创业时期融资渠道的选择

资料来源：刘华主编，《大学生自主创业纵横谈》，中国环境科学出版社，2006。

5.3.5　创业团队

"一个篱笆三个桩，一个好汉三个帮"，对于任何一个创业者来说，如果希望自己的事业可以做大做强，并且可以得到持续发展，必须依靠团队的力量。

团队可以定义为是由少数具有技能互补的人组成，他们认同于一个共同目标和一个能使他们彼此承担责任的程序，并乐于一起工作，共同为达成高品质的结果而努力。团队就是合理利用每一个成员的知识和技能协同工作，解决问题，达到共同目标的共同体。而创业团队，就是由少数具有技能互补的创业者组成，是为了实现共同的创业目标和一个能使他们彼此担负责任的程序，为达成高品质的结果而努力的共同体。

从人力资源管理的角度来看，建立优势互补的创业团队是保持创业团队稳定的关键。创业者需要什么样的创业团队，依赖于创业机会的性质和核心创业者的创业理念。形成一个团队的关键一步是核心创业者评价其创业战略。[①] 他首先要考虑是否想把创业企业发展为一个有潜力的百年企业；其次是评价需要什么样的才能、技能、技巧、关系和资源，明确创业者已经具备什么和还需要补充什么。创业团队是人力资源的核心，"主内"与"主外"的不同人才，耐心的"总管"和具有战略眼光的"领袖"，技术与市场两方面的人才都不可偏废。创业团队的组织还要注意个人的性格与看问题的角度，如果一个团队里有总能提出建设性建议的和一个能不断发现问题的具有批判性的成员，这对于创业过程将大有裨益。

研究表明，大多数创业团队组成时，并不是考虑到成员专业能力的多样性，而大多是因为有相同的技术能力或兴趣，至于管理、营销、财务等能力则较为缺乏。因此，要使创业团队

---

① 贾丹、张衡：《创业团队异质性对企业绩效的影响》[J]，《人才开发》，2008（08）。

能够发挥其最大的能量,在创建一个团队的时候,不仅仅要考虑相互之间的关系,最重要的是考虑成员之间的能力或技术上的互补性,包括功能性专长、管理风格、决策风格、经验、性格、个性、能力、技术以及未来的价值分配模式等特点的互补,以此来达到团队的平衡。①

创业团队由很多成员组成,那么这些成员在团队里究竟扮演什么角色,对团队完成既定的任务起什么作用?团队缺少什么样的角色,候选人擅长什么、欠缺什么、什么样的人与团队现有成员的个人能力和经验是互补的,这些都是必须首先界定清楚的。这样,我们就可以利用角色理论挑选和配置成员,所挑选出的成员,才能做到优势互补。因为创业的成功不仅是自身资源的合理配置,更是各种资源调动、聚集和整合的过程。②

不同角色在团队中发挥着不同作用,因此,团队中不能缺少任何角色。一个创业团队要想紧密团结在一起,共同奋斗,努力实现团队的远景和目标,各种角色的人才都不可或缺。

(1) 创新者提出观点。没有创新者,思维就会受到局限,点子就会匮乏。创新是创业团队生产、发展的源泉。企业不仅开发要创新,管理也需要创新。

(2) 实干者运筹计划。没有实干者的团队会显得比较乱,因为实干者的计划性很强。"千里之行始于足下",有了好的创意还需要靠实际行动去实践。而且实干者在企业人力资源中应该占较大的比例,他们是企业发展的基石。没有执行力就没有竞争力。只有通过实干者踏实努力的工作,美好的愿景才会变成现实,团队的目标才能实现。

(3) 凝聚者润滑调节各种关系。没有凝聚者的团队的人际关系会比较紧张,发生冲突的情形会更多一些,团队目标完成将受到很大的冲击,团队的寿命也将缩短。

(4) 信息者提供支持的武器。没有信息者的团队会比较封闭,因为不知道外界发生了什么。当今社会,信息是企业发展必备的重要资源之一。世界是开放的系统,创业团队要在社会中生存和发展,没有外界的信息交流,企业就成了一个自给自足的封闭小团体。而且,当代创业团队的成功更需要正确及时的信息。

(5) 协调者协调各方利益和关系。没有协调者的团队领导力会削弱,因为协调者除了要有权力性的领导力以外,更要有一种个性的感召力来帮助领导树立个人影响力。从某个角度说管理就是协调。各种背景的创业者凝聚在一起,经常会出现各种分歧和争执,这就需要协调者来调节。

(6) 推进者促进决策的实施。没有推进者效率就不高。推进者是创业团队进一步发展的"助推器"。

(7) 监督者监督决策实施的过程。没有监督者的团队会大起大落,做得好就大起,做得不好也没有人去指出症结,这样就会大落。监督者是创业团队健康成长的鞭策者。

(8) 完美者注重细节,强调高标准。没有完美者的团队的线条会显得比较粗,因为完美者更注重的是品质、标准。但在创业初期,不能过于追求完美;在企业的逐渐成长过程中,完

---

① 孟剑敏:《人力资源异质性与企业绩效关系研究》[J],《产业与科技论坛》,2010(04)。
② 曹润林:《促进大学生创业的政策供给研究》[J],《中南财经政法大学研究生学报》,2010(01)。

美者要迅速地发挥作用,完善企业中的缺陷,为做大做强企业打下坚实的基础。现代管理界提出的"细节决定成败"的观点,进一步说明完美者在企业管理和发展中的重要作用。

(9) 专家则为团队提供一些指导。没有专家企业的业务就无法向纵深方向发展,企业的发展也将受到限制。

在了解不同的角色对于团队的贡献后,就可以有针对性地选择合适的人才,通过不同角色的组合来达到团队的完整。并且由于团队中的每个角色都是优点和缺点相伴相生,领导者要学会用人之长、容人之短,充分尊重角色差异,发挥成员的个性特征,找到与角色特征相契合的工作,使整个团队和谐,达到优势互补。

案例5-4

不怕是贫困生,就怕贫困一生

2000年,钱俊东还是长安大学缴不上学费的贫困生,三年后即创办西安三人行信息通信有限公司(西安第一家在校本科生全资创业公司),资产逾50万。如今公司拥有六家主营通信电子类产品的全资店面,持股西安深科数码喷绘有限公司、西安永乐彩印厂等,正式员工16人,200多名兼职员工都是在校大学生,员工的平均年龄不超过22岁。

1999年,钱俊东高考失败。2000年春季高考,钱俊东如愿收到首都师范大学的录取通知书。本可万事大吉,他偏偏这时又读到一句话:"若想要生命更精彩,就要把自己推向狮口!"

他渴望更精彩!不如再努力三个月,参加夏季高考,考上清华!他把录取通知书放到箱底。钱俊东没有料到,在接下来的日子中,压力会如此沉重。不久,他又患上鼻炎成天头疼……结果是残酷的。钱俊东没能考上清华,揣着家里七拼八凑的2 000多元钱,只身来到西安长安大学公路学院。钱俊东一次次退到队伍的最后面,最终申请了缓交学费。

有位师哥到寝室推销随身听,说80元一部。钱俊东故意说:"老兄,我也卖这个,60元差不多了!"师哥急了:"你不也在康复路和轻工进货吗?干吗要压价呢?"次日,钱俊东打听到西安东郊这两个小商品批发城,走遍了所有摊点,仔细对比随身听的性能和价格,并以15元的批发价拿到同样的随身听。下一步是推销。虽然挑了偏远的宿舍楼,钱俊东在门外仍然忐忑不安,活像《人生》里第一次卖馒头的高加林。门敲开了,他支吾地问:"要随身听吗?"

果然被轰了出来。没关系,他呼口气。一扇扇地再敲过去!那一天,钱俊东净赚300元。之后,他更加留心校园市场的消费趋势。卡式电话一流行,他马上找到IC卡经销商,批发到更低廉的电话卡。渐渐地,钱俊东赢得了更多的信任和稳定的客户群。

大一的假期,钱俊东都不在西安,而是边走边看边打工。寒假他在北京,暑假去深圳做推销和策划,甚至无偿为大公司进行市场调查,他将一点点的心得写到日记里。

2002年9月,新生入学。当时宿舍只有接线口,电话机需要新生自己购买,惹得抱怨声声。钱俊东立即召集"三人行"的成员,开了短会。短短几天,新生宿舍都装上了电话机。乘胜追击的钱俊东带领同事把业务扩展到周边大学,有时一天销出2000台电话机,收入高达5万元。

上海APEC峰会期间,各国元首都穿唐装。西安曾是盛唐古都,唐装流行势在必行,丝绸肯定走俏!钱俊东又与同事商议:去苏州、无锡进批丝绸!货还在路上,订单已被抢完,稳赚近10万元。

2003年8月,"三人行"清点资产,已逾50万,作为在校大学生,克服重重困难,终于在西安高新技术开发区的支持下,注册成立西安三人行信息通信有限公司。2004年7月,钱俊东毕业,但是企业发展却遭遇瓶颈。尽管前途艰辛,钱俊东仍充满信心。

资料来源:http://news.xinhuanet.com/school/2006-09/05/content_5049070.htm。

【案例点评】 每个创业成功的人都是一部"传奇"。"传奇"的背后是创业的艰辛。每个人无论做什么,只要认准目标、有恒心有毅力,就一定会有所成就。

5.4　出国留学

5.4.1　出国留学的好处

首先,欧美、澳洲、日本等国家的优秀大学在国内被认可的程度高,含金量高,找工作有优势。

其次,大部分欧美国家大学的硕士研究生学制较短,可以更快地结束学业,踏入社会。

再次,通过海外的留学生活,可以较熟练地掌握外语,大幅提高外语学习、使用能力。

最后,去往陌生的国度,能够极大地拓展视野,丰富人生阅历,锻炼自立自主能力。

5.4.2　出国留学的准备

(一)第一种情况,自费留学并自己申请学校

应遵循的流程主要包括:

(1) 去教育部留学服务中心网站查看我国承认的正规大学排名列表,选择正规的大学作为留学的目标,避免受骗。

(2) 必须具备的条件及需准备的材料。申请者必须通过正当、合法的手段获得足够的自费留学经费,即持有受所去国家认可的由其亲属提供的经济担保证明书(决定于你申请的国家是否需要经济担保),用以维持自己在国外的学习和生活费用;或持有国外院校、科研机构或基金会等提供的奖学金或资助证明;具有相应的学业成绩和学历证明;具备相应的外语

水平;身体健康,品行良好。

(3) 寻找学校,索取资料。

(4) 留学方案设计。结合自身的年龄、学历、经济能力、外语水平、所学专业、个人爱好等因素,设计出适合自己的一套科学合理的留学方案,对留学国别、院校、专业、入学时间等最终确定。选定目标后立即开始全面的"热身和补充"准备,主要包括语言的学习与考试、留学所需的资金筹备、个人资历证明材料的准备、身体和精神状态的调整等。等到时机成熟,就可以申请学校了。

(5) 入学申请。收到国外学校免费的报名表之后,要认真完整地填写,随同个人学历证明、最近的学习成绩单、推荐信、个人简历、语言考试成绩单等资料寄往所申请的学校。此时,一般均需同时交纳一定数量的报名费用。为了给签证办理留有充裕的时间,建议越早申请越好,一般提前一年就比较从容。

(6) 办理因私出国护照、出境卡和准备签证资料。

(7) 办理公证。公证就是国家公证人员根据国家赋予的权利,按照法定程序,证明特定的法律关系或法律事实的行为。我国公民在申请自费出国留学时,必须要办理公证。这类公证属于涉外公证范围。你需要公证的文件有:出生公证书,学历、学位和成绩公证,经历证书,亲属关系公证,经济担保公证。

(8) 申请签证(去所申请学校所在国的大使馆签证,去时带齐上面提到的各种文件)。

(9) 体检(如 2003 年非典时期还需要开具相关证明),订机票,准备行装。

(二) 第二种情况,找中介代理

这种情况自己不必太操心,可以节省时间精力对待托福或者雅思考试。但是选择中介时也需慎重,具体来说,要注意以下几个问题。

(1) 选中介之前自己要上网了解留学的程序,例如签证、选择学校、留学费用等。

(2) 选择当地知名的留学中介。

(3) 多走几家多咨询一下就会懂得更多。

(4) 选择与中介中责任心比较强的工作人员合作。

(三) 第三种情况,通过所在学校与国外大学的合作项目,以交流访学形式出国留学

赴美国明尼苏达大学访学具体流程:

(1) 进入"山东财经大学"网站,点击"国际交流"里的"学生海外访学项目"。这个网页上有很多与学校合作的海外高校。我选择的是美国明尼苏达大学,访学时间一学期(或一学年),在读大二大三年级的本科生可报名申请。项目费用 11 万(或 20.5 万)。

(2) 每年大概 3 月和 9 月开始报名,请关注学校网站的即时报名信息。一般报名需要护照、还有学校的报名申请表,最好有托福或者雅思成绩(80 分以上为宜)。

(3) 通常这个项目报名的人比较多,因此学校将组织英语考试,对报名者进行筛选。成功被选出的同学就可以获得访学资格。

(4) 此后进行的是出国前的准备,主要是与学校签订访学合同以及签证和机票的购买。

这方面将由国际交流合作处的老师负责帮助同学们办理。

（5）出国阶段的这一学期,学校将不允许访学学生参加期中期末考试。这个项目可以申请转学,如果转学成功,学校可以给学生保留学籍并颁发学位证和毕业证(学费按时交纳)。

（6）关于转学。访学学生可以在明尼苏达大学就读期间提出转学申请。转学的专业可以在明尼苏达大学所有专业里任选,当然为了提高转学的几率,跟以前专业相关的话最好。转学需要的资料有高中毕业证书复印件、高中成绩单、本科学校官方成绩单、托福或者雅思成绩(可以没有,但有并且超80分会提高转学的几率)、个人陈述、推荐信等。建议大二下学期或者大三上学期出国,这样不会因为转学影响到正常毕业。

5.4.3 准备托福、雅思等语言考试

准备托福、雅思等语言考试有以下几点需要注意:

1. 选择一个不错的雅思培训机构

参加培训班,对成绩的提升作用比较大,环球雅思等机构都是不错的选择。可以考虑在考试前差不多两个月的时候参加补习班,然后留点时间自己复习。

2. 雅思四项中,阅读和口语相对可以在短时间内得到提升

最好在大学阶段就养成多读英文资料的习惯,科技、时讯、文学各个方面都多读一点,到了雅思复习的突击阶段,则多读往年考题的阅读材料,培养感觉。口语方面,最好去纯外教的英语学校报一个班,多参加由外教主持的英语角,大胆表现,抓住一切机会练习,口语可以得到很快的提升。

3. 雅思听力

雅思听力不算快,而且话题很贴近生活,对白发生的场景以学校图书馆、银行、医院、机场等为主,所以准备一本专门讲这些场景对话的书会很有帮助。

4. 写作

写作是四项中比较难提升的环节,平时养成经常用英文记录心情的习惯很有帮助,雅思考试的写作以议论文为主,掌握议论文的写作思路和常用词汇很重要,不要背范文,不要重复使用关键词。

案例5-5

小王成功申请美国名校

当事人:小王;毕业学校:北京某大学;所学专业:国际商务;基本成绩:IBT 105,GMAT 690+5,GPA 3.5;申请国家:美国;录取学校和专业:圣路易斯华盛顿大学物流管理专业(圣路易斯华盛顿大学排名:2012年美国大学综合排名第14);入学时间:2012年秋季;学生优势:申请成绩优秀;学生劣势:实践经验较少。

申请美国名校圣路易斯华盛顿大学是小王一直以来的一个梦想,综合条件优秀的他却迟迟没有开始准备,因为并不完全了解美国名校申请流程,小王和家长都认为时间还来得及,希望等到成绩下来以后再开始准备申请工作。但是后来经过咨询他们才知道,实际上美国名校申请的时间安排与规划跟国内大学的情况很不一样,而且像圣路易斯华盛顿大学这种名校,竞争是十分激烈的,幸好他们及时认识到了问题的严重性以及时间的紧迫感,没有错过最佳的申请时机。

小王本科学的是国际商务专业,他希望能申请到美国名校的金融专业,但是经过在对方的主页上浏览信息,以及审慎的自我评价,小王意识到虽然自己成绩优秀,但是社会实践方面不足,想申请竞争激烈的美国名校金融专业有一定的困难,以这样的条件申请会有被拒绝的可能,因此最后小王确定了圣路易斯华盛顿大学的物流管理专业。

在申请学校时,能够意识到自己的优势和不足,这一点很重要。小王明白自己的成绩还算比较优秀,但是实践经验比较少,因此在申请书中重点突出自己成绩优秀的一面,表达了对美国名校以及所选专业的真诚向往,申请工作顺利展开,很快小王就收到了圣路易斯华盛顿大学的面试通知。在参加面试之前,小王作了精心的准备,尤其是在语速和口语流畅性方面,作了大量的练习,正式面试的那天,他表现得非常自信,面试官对他的表现很满意,肯定了他在背后作出的努力,最终他顺利通过了面试。圣路易斯华盛顿大学物流管理专业的入学通知如期而至,小王怀着激动的心情踏上了出国留学之路。

资料来源:该案例依据编者身边真实经历改编。

【案例点评】 小王申请美国名校成功的案例,可以给我们以下的启示:尽量在好的申请时机开始行动;意识到竞争的激烈程度并确定自己努力的方向;申请时注意强调自己的优势。做到以上几点,申请名校留学的成功概率会大大提升。

案例5-6

一个留学生的经历

在准备出国留学所需的材料时,要注意材料的全面性,同时还需要掌握一定的技巧。对于留学生来说,最重要的材料之一就是足以支撑你完成学业和在海外生活的费用,去银行开具存款证明,以及你的亲属的收入证明是保证你顺利通过签证程序的必要条件。存款证明的开具最好提前着手准备,应在尽可能多的银行开具数额不要太大的存款证明,而不是在出国之前较短的时间在一家银行开具一张巨额的存款证明。这样做,容易使签证的面试官怀疑这是你为了制造自己具备出国留学的经济能力的假象而刻意为之的欺诈行为,这笔费用可能是临时通过向他人去借或其他方式拼凑而来,并不能证明你实际的经济能力。我本人就因为这个原因曾遭拒签,因为出国留学决定得较为仓促,准备时间比较有限,因此临时将一笔数目较大的存款存入一家银行,并开具存款证明,被签证官认为是虚假证明而遭拒签。

资料来源:该案例依据编者真实经历改编。

【案例点评】 多找一些有出国经验的人来交流一下,对自己帮助很大,例如开具存款证明的事情,如果事先能够跟留学中介比较有经验的指导师沟通一下,效果会比较好。另外,总的来说,出国留学的决定越早作出越好,这可以留给自己充分的时间来准备材料,因为无论申请学校、办理各种文件、准备托福或者雅思考试,时间都是越充分越好的。

案例5-7

留学期间体验打工生活

在国外留学,体验打工生活是重要的一方面。在选择打工的种类时,尽量不要选那些只需要动手,而没有或者较少口头交流机会的,比如送外卖去邮局或工厂打工这一类。我在英国时,经朋友介绍,为一个英国商人工作,负责售卖一些小型的钟表和手工艺品,感觉获益匪浅。除了能够有比较丰厚的收入(当时工作一小时大约有5英镑的收入,当时英镑对人民币的汇率是1∶16)之外,还能得到很多锻炼口语和提升处事能力的机会。工作的地点经常在不同城市的购物中心间变换,所有的摆放货物、交涉、收银、收摊等工作都需要一个人全权负责,售卖工艺品时需要跟客人就商品的性能、售价、售后服务等事项进行详细的沟通,这极大地提升了我的英文口语交流能力。

资料来源:该案例依据编者真实经历改编。

【案例点评】 留学期间体验打工生活,对自己的人生阅历是极大的丰富,但是在各种工种中建议大家尽量选取能够迅速提高外语交际能力的,而不是纯粹的体力劳动。

案例5-8

善于抓住学习机会

在国外留学的时间较之国内一般偏短,而异国完全陌生而新鲜的文化环境则能够极大地拓展人的视野,所以建议有出国留学意向的同学们利用有限的时间,创造一切机会训练口语,接触异国有益有趣的文化现象。例如有一次外出购物时遇到两位欧洲的传教士,他们主动过来询问我有无了解欧洲宗教的兴趣,可否为我进行讲解,我欣然答允。于是此后每周末这两位教士都会来我租住的房子为我讲解宗教以及欧洲文化。时间久了,我与他们结成朋友,并且随同他们去教堂和一些英国本地人家里作客,借以了解到很多欧洲的宗教、神话、风物等方面的文化细节,并借此认识了更多的朋友。这对丰富我既有的世界观、价值观和文化格局有不小的益处,建议大家在留学期间有类似际遇的话,不要错过。

资料来源:该案例依据编者真实经历改编。

【案例点评】 出国留学一般费用较高,而时间则较短,怎样做才能使得海外留学的经历物有所值,甚至物超所值,这是所有留学生应该思考的问题。每个人的经历都不同,每个人的际遇也不同,所以这个问题没有统一的答案,但是大家能做到的是抓住一切可以提升自己、丰富自己的机会,让海外之旅变得尽可能丰富多彩、充满回忆,而不是像很多留学生所做的那样,不与外国人交流,或者只有在迫不得已时才交流,大部分时间都用来与本国的学生在一起。

第 6 章 心理辅导

引 言

　　心理健康对我们的生活十分重要,其中最突出表现为心理健康与身体健康的紧密联系。古人云:"养生五难:名利不去为一难;喜怒不除为二难;声色不除为三难;滋味不除为四难;精神虚散为五难。"这说明生色、利欲、喜怒无常、斤斤计较、患得患失、精神空虚等心理状态对身体健康有很大的危害。心理健康也是大学生适应大学生活的前提,是学习、人际交往以及工作生活的重要保证。

　　据一项以全国 12.6 万大学生为对象的调查显示,20.3% 的大学生有不同程度的心理障碍。"郁闷"、"变态"成为学生们的口头禅。因各种心理疾病而休学、退学的大学生人数已占总休学、退学人数的 50% 左右。在校大学生中存在人际关系、环境适应、情感障碍、焦虑等心理问题的占了相当大的比例。因此,大学生的心理健康值得我们关注。

辅 导 目 标

　　通过本章的学习,学生应了解什么是心理健康以及心理健康的标准,了解大学生常见的心理健康问题,掌握心理调适的方法以及如何形成健康的心理。这将有助于大学生在学习生活中积极面对各种困难,形成健康的心理,发展良好的人际关系,促进个性健康地发展。

6.1 大学新生心理健康问题

6.1.1 什么是心理健康

(一) 心理健康的基本含义

1946 年,第三届国际心理卫生大会指出:"心理健康是指在身体、智能以及情绪上能保持同他人的心理不相矛盾,并将个人心境发展成为最佳的状态。"①

(二) 心理健康的标准

关于心理健康的标准,也有不同的说法。

第三届国际心理卫生大会认为:心理健康的标志是:1. 身体、情绪十分协调;2. 适应环境,在人际关系中能彼此谦让;3. 有幸福感;4. 在工作中,能充分发挥自己的能力,过有效率的生活。

美国学者坎布斯(A. W. Combs)认为,一个心理健康、人格健全的人应该具备四种特质:

1. 积极的自我观念。能悦纳自己、接受自己,也能为他人所悦纳;能体会到自己存在的价值;能面对和处理好在日常生活中遇到的各种挑战。尽管有时可能会觉得不顺心,也并非总能为他人所喜爱。但是积极的自我观念总是占优势的。

2. 恰当地认同他人。能认可他人的存在和重要性,即能认同他人而不依赖或强求他人,能认识到自己在许多方面和大家都是相同的、相通的,能与他人分享爱与恨、乐与忧以及对未来的美好憧憬,并且不会因此而失去自我,仍保持自我的独立性。

3. 面对和接受现实。能面对和接受现实,而不论其是好是坏或对自己有利或不利,即使现实不符合自己的期望与信念,也能设身处地、实事求是地去面对和接受现实的考验;能多方面地寻求信息,善于倾听不同的意见,正确把握事实的真相,相信自己的力量,随时接受挑战。

4. 可供利用的主观经验丰富。能对自己,周围的事物、人物及环境有较清楚的知觉,不会迷惑或彷徨;在自己主观经验世界里,储存着各种可供利用的信息、知识和技能,并能随时提取使用;善于发现和利用自己的长处和优点,同时也能借鉴和学习别人的长处和优点,以此来解决自身所遇到的问题,从而增强自己行为的有效性,并且不断丰富自己的经验。

美国心理学家马斯洛(A. H. Maslow)和米特尔曼(J. H. Mittelman)提出的心理健康的十条标准被公认为是"最经典的标准":

1. 充分的安全感;
2. 充分了解自己,并对自己的能力作适当的估价;
3. 切合实际的生活目标;
4. 与现实环境保持接触;
5. 能保持人格的完整与和谐;
6. 具备从经验中学习的能力;
7. 能维持良好的人际关系;
8. 适度的情绪表达与控制;
9. 在不违背社会规范的条件下,对个人的基本需要作恰当的满足;

---

① 黄山杉:《浅谈大学生心理健康教育的科学发展之路》[J],《中国科技信息》,2010(07)。

10. 在满足集体要求的前提下,较好地发挥自己的个性。

我国知名心理学家郭念锋先生提出了心理健康的十条标准:

1. 周期节律性。人的心理活动在形式和效率上都有着自己内在的节律性,比如白天思维清晰、注意力高,适于工作;晚上则进入睡眠,以便养精蓄锐开始第二天的工作。如果一个人到了晚上就睡不着觉,那表明他的心理活动的固有节律处在紊乱状态。

2. 意识水平。意识水平的高低,往往以注意力水平为客观指标。如果一个人不能专注于某种工作,不能专注于思考问题,思想经常开小差或者因注意力分散而出现工作上的差错,就有可能存在心理健康方面的问题了。

3. 暗示性。易受暗示性的人,往往容易被周围环境引起情绪的波动和思维的动摇,有时表现为意志力薄弱。他们的情绪和思维很容易随环境变化,这给精神活动带来不太稳定的特点。

4. 心理活动强度。这是指对于精神刺激的抵抗能力。一种强烈的精神打击出现在面前,抵抗力低的人往往容易遗留下后患,他们可能因为一次精神刺激而导致反应性精神病或癔症;而抵抗力强的人虽有反应但不会致病。

5. 心理活动耐受力。这是指人的心理对于现实生活中长期反复出现的精神刺激的抵抗能力。这种慢性刺激虽不如一次性的强大剧烈,但却久久不会消失,几乎每时每刻都缠绕着人的心灵。

6. 心理康复能力。由于各自的认识能力不同、各自的经验不同,人们从一次打击中恢复过来所需要的时间也会有所不同,恢复的程度也有差别。这种从创伤刺激中恢复到往常水平的能力,称为心理康复能力。

7. 心理自控力。情绪的强度、情感的表达、思维的方向和过程都是在人的自觉控制下实现的。当一个人身心十分健康时,他的心理活动会十分自如,情感的表达恰如其分,词令通畅、仪态大方,既不拘谨也不放肆。

8. 自信心。一个人是否有恰当的自信心是心理健康的一种标准。自信心实质上是一种自我认知和思维的分析综合能力,这种能力可以在生活实践中逐步增强。

9. 社会交往。一个人与社会中其他人的交往,也往往标志着一个人的心理健康水平。当一个人毫无理由地与亲友断绝来往,或者变得十分冷漠时,这就构成了精神病症状,称为接触不良。但过分地进行社会交往,也可能处于一种躁狂状态。

10. 环境适应能力。环境就是人的生存环境,包括工作环境、生活环境、工作性质、人际关系等。人不仅能适应环境,而且可以通过认识和实践去改造环境。

将这十条标准综合起来考察,就可以看出一个人的心理健康的水平如何了。

我国另一位知名心理学家许又新先生提出衡量心理健康可以用三个标准,分别是:体验标准、操作标准和发展标准。这三个标准,也要联系起来综合地加以考察和衡量。

1. 体验标准是指以个人的主观体验和内心世界为准,主要包括良好的心情和恰当的自我评价。

2. 操作标准是指通过观察、实验和测验等方法考察心理活动的过程和效应,其核心是效率,主要包括个人心理活动的效率和个人的社会效率或社会功能(如工作和学习效率高、人际关系和谐等)。

3. 发展标准着重对人的心理状况进行时间纵向(过去、现在与未来)的考察分析,而前两种标准主要着眼于横向考虑一个人的精神现状。发展标准有向较高水平发展的可能性,并且有使可能性变成现实的行动措施。

通常我们用以下八个要素来作为评估大学生心理健康的标准:

1. 智力正常。这是大学生学习、生活与工作的基本心理条件,也是适应周围环境变化所必需的心理保证,衡量时的关键在于是否正常地、充分地发挥了效能,即有强烈的求知欲、乐于学习,并能够积极参与学习活动。

2. 情绪健康。其标志是情绪稳定和心情愉快。主要内容有:愉快情绪多于负面情绪、乐观开朗、富有朝气、对生活充满希望;情绪较稳定,善于控制与调节自己的情绪,既能克制又能合理宣泄;情绪反应与环境相适应。

3. 意志健全。意志是人在完成一种有目的的活动时,所进行的选择、决定与执行的心理过程。意志健全者在行动的自觉性、果断性和自制力等方面都表现出较高的水平。意志健全的大学生在各种活动中都有自觉的目的性,能适时地作出决定并运用切实有准备的方式解决所遇到的问题;在困难和挫折面前,他们能采取合理的的反应方式,能在行动中控制情绪,而不是盲目行动、畏惧困难。

4. 人格完整。人格指的是个体比较稳定的心理特征的总和。人格完整就是指有健全统一的人格,即个人的所想、所说、所做都是协调一致的。一是人格结构的各要素完整统一;二是具有正确的自我意识,不产生自我同一性混乱,以积极进取的人生观作为人格的核心,并以此为中心把自己的需要、目标和行动统一起来。

5. 自我评价正确。正确的自我评价是大学生心理健康的重要条件,大学生要学会自我观察、自我认定、自我判断和自我评价,从而恰如其分地认识自己,摆正自己的位置,既不以自己在某些方面高于他人而自傲,也不以某些方面低于他人而自惭形秽;要学会自我悦纳,自尊、自强、自制、自爱,正视现实,积极进取。

6. 人际关系和谐。良好而深厚的人际关系是事业成功与生活幸福的前提。其表现为:乐于与人交往,既有广泛而深厚的人际关系,又有知心朋友;在交往中保持独立而完整的人格,有自知自明,不卑不亢;能客观评价他人和自己,善于取人之长来补己之短,宽以待人,乐于助人,积极的交往态度多于消极态度,端正交往动机。

7. 社会适应正常。个体与客观现实环境保持良好的秩序。进行客观观察以取得正确认识,以有效的办法应对环境中的各种困难,还要根据环境的特点和自我意识的情况努力进行协调,或改革环境适应个体需要,或改造自我适应环境。

8. 心理行为符合大学生的年龄特征。大学生是处于特定年龄阶段的特殊群体,大学生应具有与年龄和角色相对应的心理行为特征。

以上列举了一些学者提出的心理健康的评判标准,一般来说,心理健康的人都能够善待自己、善待他人、适应环境、情绪正常、人格和谐。心理健康的人并非没有痛苦和烦恼,而是他们能适时地从痛苦和烦恼中解脱出来,积极地寻求改变不利现状的新途径。他们能够深刻领悟人生冲突的严峻性和不可回避性,也能深刻体察人性的善恶。他们是能够自由、适度地表达并展现自己个性的人,与环境也能和谐地相处。他们善于不断地学习,利用各种资源,不断地充实自己。他们也会享受美好的人生,同时也明白知足常乐的道理。他们不会去钻牛角尖,而是善于从不同的角度看待问题。

6.1.2 大学新生常见的心理健康问题

(一)学业问题

大学生的学习强调自主性,学生成为学习活动的主体,而教师是学习活动的指导者。因而大学生面临学习方法、学习内容与学习习惯的巨大转变,这也包括对自己学习能力的重新评估。

许多学生在中学时代已确立自己的学习优势,有着较高的学业期待。在大学,他们将面临着学业期待的变化、学业优势的丧失以及对自己的学业重新定位。如果大学生缺乏足够的思想准备、不能恰当地接受和对待学业成绩,就会出现自信心下降、自卑感上升,甚至还会出现强烈的嫉妒心理和攻击行为。

大学的学习目的、方式和内容都是有别于中学的。随着社会对大学生要求的提高、用人标准的转变,这促使很多在校大学生不仅要学习专业知识,同时还要选修一些有关其他知识的课程,如外语、计算机等,考取各类资格证书,以适应激烈的市场竞争。如果大学生学习方法不当、学习动机不强、学习目的不明确、自我约束能力弱,就容易出现焦虑、紧张等情绪反应,同时还会严重影响自信心,产生苦恼以及自我否定等心理问题,导致学业的失败。学业成绩不理想以及学业失败将极大地影响学生的心理健康。

(二)情感问题

进入大学,每个人都会遇到来自亲情、爱情或友情方面的困扰。特别在面对异性时,很多同学束手无策。异性交往本来是很正常的社交活动,却成为一个一直令大学生棘手的社交障碍。有一些学生在不良心理因素的作用下,与异性交往时总感觉要比与同性交往困难得多,以至于不敢、不愿甚至不能和异性交往。

异性交往是大学生重要的人际关系,这既包括两性之间友谊的发展,也包含爱情的滋生和成长,最终在异性交往中重新认识与确立自己的方向与坐标。有的大学生面对异性的追求茫然不知所措,不知如何拒绝,也不知如何去爱;有的大学生将爱情置于学业之上,甚至认为爱情就是一切,一旦失恋的打击袭来,没有充分的心理准备,不知如何面对分手,面对自己。

案例6-1

非你莫属之高燕

高燕是一名来自陕西榆林、毕业于华东师范大学的基础心理学的硕士研究生,曾经考研四次,换了三家用人单位,来到《非你莫属》节目准备寻求一份人力资源薪酬专员或薪酬经理职位的工作。但是在第二轮中,所有的用人单位都灭了灯,最终应聘失败。

资料来源:《非你莫属》节目,天津卫视,2012年5月14日,http://v.youku.com/v_show/id_XMzk3MTg5MDg4.html。

【案例点评】 高燕是集情绪化、书本化、固执化于一身的女生,虽然她的学历较高(研究生),但她的心态决定了其职业发展的失败。以健康、乐观的心态对待学业和事业,才能在将来的职场竞争中赢得先机。

(三)人际交往问题

亚里士多德曾说:"能独自生活的人,不是野兽,就是上帝。"

在社会生活中,人们几乎每天都要和他人打交道。但是大学生与人交往和相处的经验相对较少,在短期内建立起一种和谐的人际关系需要很多技巧,而大学生们往往只感受到这一问题的重要性和压力,仍缺乏必要的经验和技巧。

人际关系更多地反映出人们的个性特点和交往模式。① 因此,大学生的人际关系与自我认知与认知他人相关。一方面,他们对良好的人际关系抱有极大的期望,希望能建立和谐、友好、真诚的人际关系。但另一方面,这种期望又往往过于理想化,即对别人要求或期望太高,而产生对人际关系状况的不满。这种不满又会反过来对他们的人际关系带来消极的影响。渴望交往的心理需求与心理闭锁的矛盾集于一身。

大学生常见的人际交往心理问题有②:(1)缺少知心朋友,具有孤独感;(2)认为人际交往复杂,感到困惑迷茫;(3)过分依赖他人,做事不够果断;(4)具有社交恐惧感,封闭自我;(5)与他人交往感觉平淡,交往失去意义;(6)过分碍于面子,使问题僵化。

---

① 贾水峰:《大学生人际关系问题分析》[J],《中国科教创新导刊》,2007(08)。
② 刘东艳:《大学生人际交往中的心理问题研究及对策》[J],《中国集体经济》(下旬刊),2007(07)。

案例6-2

社交恐惧症

张某是某高校大二的女学生,该生性格内向,认为自己从小就不善言谈,不会表达内心的感受。她家中的父母和弟弟都比较健谈,而且弟弟性格开朗、活泼好动。张某在家里也不长开口表达自己的想法,更别说在陌生人面前了,她一见到陌生人就会远远地避开,生怕自己在陌生人面前说错话,甚至家里的弟弟有时也会取笑她。现在她已经大二了,在大一时同寝室还有几个同学与她交往,但是现在几乎没有一个人愿意主动与她交往。同学们也表示,无论是在班级还是在寝室大家都不会留意她是否在,到现在为止张某还没认全班级同学。看到其他同学有说有笑,张某内心感到非常痛苦、孤独,不知道自己的人生有何意义。

资料来源:http://www.docin.com/p-124838376.html。

【案例点评】 由于张某性格内向,并且从小就认为自己不像家里的其他人那样善于言谈,这使得张某在内心深处不愿意主动与别人打交道,从而封闭自己。尽管其他同学想与她交往她也会有意识地躲避,这使得她阻断了与外界的交往,无形中造成了自我封闭的状态。人是不能脱离其他人而单独存在的,需要与其他人密切联系,这样才能够在心里产生价值感。

案例6-3

人际交往障碍

小A来自南方某省的一个山区。父母均是农民,家中姐弟数人他排行最小,全家人都很疼爱他。小A认为自己性格十分内向、孤僻、不善言语、不会与人处事,很少与人交往。但他脑子比较聪明,学习也踏实用功,成绩一向很好,从小学到高中毕业期间的十几年成长还算顺利。然而自上大学之后,他开始感到许多事情总不顺心,尤其是在人际交往方面,怎样处理人际关系的问题让他伤透了脑筋,吃尽了苦头。一年多来,他和班上同学相处很不融洽,跟同宿舍人曾经发生过数次不小的冲突,关系十分紧张。后来他竟擅自搬出宿舍,与外班的同学住在一起。从此,他基本上不与班上同学来往,集体活动也很少参加,与同学的感情隔阂加深。他觉得自己没有一个能彼此了解和信任的知心朋友,常常感到孤独、自卑和烦躁。这种精神痛苦无处倾诉,长期的苦恼和焦虑使他患上了神经衰弱症。经常的失眠和头痛使他精神疲惫,体质下降。他曾想尽力克制自己,重振精神,试图用埋头学习的方法来减轻痛苦,冲淡烦恼。然而,事与愿违,由于他学习精力很难集中,成绩急剧下降,后来竟出现考试不及格的现象。他感到震惊和恐慌,心境和体质也越来越坏,深感自己已陷入病困交加的境地而无法自拔,失去了坚持学习的信心。他开始厌倦学习,厌恶同学和班级,一天也不愿再在学校待下去了。最终他听不进老师的劝告,也不顾家长的劝阻,坚持要求休学。

在与小 A 的交谈中,我们得知他的想法是与人交往就是互相利用,别人对我好我就对别人好,别人对自己不好也就必须要报复别人;家里条件不好,来到大学本想要好好学习,但寝室同学经常言语攻击并多次发生争执;他认为自己从小不会与人交往,看着每个同学都能很好地与别人成为朋友,自己也很想但就是不知道用什么样的方法来改变现状。

资料来源:中国学生网,http://www.6to23.com/。

【案例点评】 该同学属于典型的人际交往障碍,主要原因有以下三个方面:

(1) 存在认知偏差。首先,该同学对人际关系的认知存在着一定的问题,对人际关系的意义和重要性认识不够。其次,他对人际关系的认识是片面的,例如,认为人与人之间的交往就是相互利用,不存在真正的友谊等。最后,不能正确地认识自己和评价他人。

(2) 性格问题。一方面,该同学有很大的性格缺陷,例如,性格内向、孤僻、不愿主动与人交往等,这种性格很容易使人对他产生不好的评价。另一方面,他的性格同时也妨碍了与别人的交往,影响了相互间的了解和理解,造成对任何人感情冷淡和不和。

(3) 能力缺陷。该同学由于生长的环境和个性的特征原因,缺乏人际交往的能力,即使自己想要与别人进行交往,但是也找不到任何方法和技巧,只好任其发展,最终导致人际关系恶劣,造成人际交往障碍。

针对这种问题,可采取以下诊断方法:

(1) 改善其认知模式。首先,针对该学生的不良认知模式运用理性认知疗法,和他一起认真地探讨大学生的特点和人际关系的意义,从健康的群体意识的理论问题到如何正确认识和对待同学之间发生的矛盾,在理论和实践的基础上,进行具体的、有针对性的、合情合理的分析,明确指出他在这方面的失当之处,使其逐步认识到并尽快改变过去那种非理性的认知结构和思维模式,纠正其不合理的信条,代之以科学的理性信念,从而达到改善认知、理顺情绪、消除观念上的障碍、树立良好的群体意识的目的。

(2) 完善其性格。针对该生性格上存在的缺陷,具体分析其个性特征,尤其要指出他性格上的主要缺陷,鼓励他在完善性格上狠下工夫,这是改善人际关系的重要内在因素。然后向他提出有关性格优化的具体建议和方法,引导他主动与同学交往,积极参加集体活动,在丰富多彩的社会实践中增长知识、锻炼意志,学习别人性格上的优秀品质,克服自己的性格弱点,从而使其性格不断得到完善。

(3) 训练其交往能力。针对该生在人际交往方面的自卑感和能力缺陷,运用行为疗法,加强实际训练。人的交往能力完全可以通过有意识地培养训练得到提高,关键是要克服自卑心理、建立信心、多动脑、多实践、不断总结。教授他人际交往应把握的四条原则(尊重、互助、坦诚、宽容),传授其人际交往的基本技巧,如善解人意、体贴关心、乐于助人、克制忍让、顾全大局、不卑不亢、礼貌待人以及学会运用恰当的语言称赞别人和开展积极的批评与自我批评等,鼓励他从大处着眼,从小事做起,认真实践,持之以恒。

案例 6-4

了解自己的辨析能力

我们可以根据以下两个情境来了解自己对周围环境的辨析能力。

（1）你现在是一名鼻炎患者，由于鼻炎会产生鼻塞、头痛以及感冒等症状，导致对学习的影响，现在不得不去医院进行手术。

（2）在一个天气晴朗的上午，你和同学相约来到了购物商场，你们两个人正逛得兴致勃勃时，突然听见商场的门口传来"所有人不要动并且把自己值钱的物品拿出来，否则就会没命"的声音。

资料来源：E书联盟，http://max.book118.com。

【案例点评】 对于以上两个情境，如果你正处在这样的环境中，你会怎样洞察周围的环境呢？每个人最基本都能够观察到这两个情境实际上都很危险。对于第一个情境而言，可能医生会告诉你鼻炎手术只是个小手术，麻醉师会在你的患处进行局部麻醉，不会感到疼痛并且手术时间较短，尽管医生告知你上述的事情，但是，当医生把你的眼睛甚至是头遮起来的时候，你也可能会很害怕，甚至会虚脱，这个时候如果你越紧张就越会导致延误医生的手术，因而只能认真地辨析环境，尽量地配合医生让他尽快做完手术。对于第二个情境而言，我们在电视或电影上都看过类似的场景，我们应该像那些电视和电影里的主角学习，要临危不乱，用冷静的思维来认知周围的环境，找到逃生的办法。有些人会很害怕以致连头都不敢抬起来，更不用说观察周围的环境了。但是，如果你一直沉浸在紧张的氛围里，自己不会有任何生机，只有认真观察周围的危险信号，能够做到化险为夷，这样才能死里逃生。一个辨析能力高的人在特定的环境中，懂得审视局势，完成自己的特定目标。

对于以上的两个情境可能每个人表现出的辨析能力都是不同，这也与我们的交往经验有关系，一个人的交往经验越多，人的交往能力就会有明显的提高。

（四）情绪问题

1. 情绪对大学生的影响

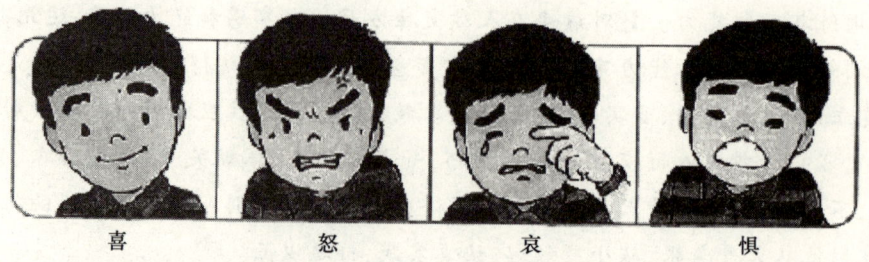

喜　　怒　　哀　　惧

（1）情绪影响大学生的生理健康。如果大学生长期处于抑郁、焦虑、恐惧等消极情绪下，他们的免疫能力会降低，患上各种疾病，调查发现大学生常见疾病有十二指肠溃疡、神经衰弱、雀斑等。

（2）情绪影响大学生的学习和工作效率。

（3）情绪影响大学生的人际关系协调。

（4）情绪影响大学生的行为效果。

表6-1阐释了情绪体验与行为效果的关系。

表6-1 情绪体验与行为效果的关系

关系类型	情绪体验	行为效果
积极—积极型	乐观、积极向上	再接再厉，努力取得下一次竞选成功
消极—积极型	悲观、消沉	学生会我是进不去了，那我就认真学习，争取在学习上超过他们
消极—消极型	悲观、消沉	从此一蹶不振，消极处世

2．大学生情绪的特征

大学生由于所处的年龄阶段和心理发展背景，有着独特的情绪特征[1]：

（1）大学生情绪活动日趋丰富；

（2）大学生的情绪波动较大，具有两极性；

（3）大学生情绪活动具有冲动性、爆发性；

（4）大学生能够隐藏、抑制自己的情绪，具有文饰性；

（5）不同年级的大学生情绪呈现阶段性特点。

3．常见的困扰大学生的坏情绪[2]

（1）过度焦虑。焦虑是由紧张、害怕、担忧等几种情绪混合而成的负性情绪体验，指一种个体对未来某种可能发生的威胁性情境或某种不良后果而产生的紧张不安情绪。

（2）抑郁。抑郁是指以心境低落为主的负性情绪状态，表现为闷闷不乐、对日常生活的兴趣丧失、精力明显减退、食欲不振、悲观、绝望、思维迟钝及失眠等。

（3）愤怒。愤怒是大学生常见的一种消极情绪，它是当个体的需求不能被满足、愿望不能实现或为达到目的的行动受阻时内心所产生的一种紧张而不愉快的激烈情绪。

（4）自卑。自卑是自我意识中带有自我否定倾向的情绪体验，是对"现实自我"的认识和评价的过分低估，认为即使努力也无法达到自己的目标，同时伴有一些诸如害羞、不安、内疚、忧郁、失望等特殊的情绪体现。

（5）嫉妒。嫉妒是指他人在才能、名誉、地位或境遇等方面胜过自己而产生的一种由羞耻、焦虑、怨恨、敌意等构成的复杂的不良心理状态。

---

[1] 王彬：《关于大学生心理健康教育的思考》[N]，《吉林日报》，2010年9月6日。
[2] 林崇德：《心理学大辞典》[M]，上海教育出版社，2003。

(6)冷漠。冷漠是指对他人冷淡漠然、对外界刺激缺乏相应的情感反应的消极的情绪体验。具体表现为:对他人怀有戒备心理甚至敌对情绪,也不与他人交流,凡事漠不关心。

4. 大学生健康情绪的标准①

(1)情绪正常、稳定。

(2)情绪反应适时、适度。

(3)保持乐观、向上的积极情绪。

(4)善于控制与调节自己的消极情绪。

案例6-5

关于猴子的心理学实验

预备实验:把一只猴子放在铜条边,双脚绑在铜条上,然后给铜条通电。猴子挣扎乱抓,一拉到旁边的一弹簧拉手(电源开关)就不痛苦了,这样猴子一被通电就拉开关,就建立了一级条件反射。然后每次在通电前,猴子前方的一个红灯就亮起来,多次实验以后,猴子知道当红灯一亮时,它就要受苦了。所以以后每次尚未通电,而只要红灯一亮,它就先拉开关了。这就建立了一个二级条件反射。预备试验完成。

正式实验:在这只猴子的旁边,再放一只猴子,与第一只猴子串联在铜条上,隔一段时间就亮红灯,每天持续六小时。第一只猴子注意力高度集中,一看到红灯就赶紧拉开关,第二只猴子不明白红灯是什么意思,无所用心。过了二十几天,第一只猴子就死了。

究竟是什么原因导致了第一只猴子的很快死亡呢?

资料来源:见网址 http://zhidao.baidu.com。

【案例点评】 第一只猴子是因为什么死的呢?科学家发现,它死于严重的消化道溃疡,而实验之前的体检它没有任何胃病,可见这是二十几天内新得的病。第一只猴子要工作,它的责任重、压力大,因而处于精神紧张、焦虑不安、担惊受怕的状态,它的消化液和各种内分泌系统紊乱了,所以得了溃疡。由此说明,不良的情绪会产生过高的应激值,这将严重损害身体的健康。

(五)心理健康问题带来的消极影响②

(1)环境和地位的变化会引起失落感。

(2)理想与现实之间的矛盾导致苦闷。

---

① 王水珍:《高校心理健康教育工作步入规范》[N],《中国社会科学报》,2011年4月19日。
② 程娟:《新形势下大学生心理问题分析与对策》[J],《才智》,2011(02)。

（3）大学生活的不适应导致压力不断增大。
（4）人际关系的不适应导致孤独和压抑。
（5）生活方式的不适应带来的不安全感。
（6）经济负担的沉重压力带来的失衡感。
（7）就业的压力带来心理困惑。

6.2 心理调适

6.2.1 正视个性差异——认识自我

由于学习和生活环境的变化，大一新生需要调整自己，完成角色的转变，对自我进行重新评价。如果不能正确地认识自己，重新进行自我评价，就会极大地影响到大学生对学习、生活和其他各个方面的适应。因此，对刚入学的大学生来说，客观、公正、有效地认识自己，重新进行自我评价、进行正确地自我设计、建立新的奋斗目标对维护适应期的心理健康是非常重要的。

（一）客观地认识自我

自知、自鉴是自勉、自励、自控的基础，它对人的各种活动和行为起着调节的作用，是建立理想自我的基础。实践证明：一个人自我认识、自我评价的水平越高，越能促进自身的健康发展；只有全面而客观地评价自己，才能使自己健康地发展。

大学新生对自己要有一个明确的认识和正确的了解，客观地评价自我，对自己的身材和外貌、品德和才能、优点和不足、过去和现在，甚至将来都有一个正确的认识，做到全面而客观地评价自己，这有助于适应新的环境。很多大学新生总是看到自己的某一面，而看不到其他方面，一旦碰到不称心、不如意的事，就开始怀疑自己，产生失落与自卑的情绪。

1. 气质差异

（1）气质的定义。

简单地说，气质是指一个人的性情和脾气。从心理学角度来看，气质是一个人典型地表现于心理过程的强度、心理过程的速度和稳定性以及心理活动的指向性等动力方面的特点。心理过程的强度指情绪的强弱、意志努力的程度等；心理过程的速度和稳定性指知觉的速度、思维的灵活程度以及注意力集中的时间长短等；心理活动的指向性指有的人倾向于外部事物，有的人倾向于内部，经常体验自己的情绪、分析自己的思想和印象。[1]

（2）气质差异的表现——体液说。

体液说是由古希腊著名医生和学者希波克拉底（约公元前460—377年）提出的气质学说。他认为：人体含有四种不同的液体，即血液、黏液、黄胆汁和黑胆汁。它们分别产生于心

---

[1] 彭聃龄：《普通心理学》[M]，北京师范大学出版社，1988。

脏（血液）、脑（黏液）、肝脏（黄胆汁）和胃（黑胆汁）。希波克拉底认为，四种体液形成了人体的性质，机体的状况取决于四种液体的配合。在体液的混合比例中，血液占优势的人属于多血质，黏液占优势的属于黏液质，黄胆汁占优势的人属于胆汁质，黑胆汁占优势的人属于抑郁质。每一种气质的特点各不相同。

A. 多血质：具有这种气质的人，往往活泼好动、朝气蓬勃；对外界刺激反应迅速、灵敏，能很快地把握新事物，善于适应变化的环境；性情温和、乐观，待人热情，善于交际；在工作和学习上，富有精力、速度快、效率高。但这种人的情感易变，兴趣也易变，如果工作遇到较大的困难，他的热情就可能迅速消退。这种类型的人的典型代表人物是《红楼梦》中的王熙凤。

B. 胆汁质：这种气质的人对外界刺激的反应速度快，但不灵活；精力充沛，行为易鲁莽冒失；对人比较热情和坦率；情绪变化剧烈，脾气暴躁、性急、容易激动，但激动的心情不能持久；能以极大的热情投身于事业，也准备克服通向目标的重重困难和障碍，但当精力消耗殆尽时，便失去信心，情绪顿时转为沮丧而一事无成。一般来说，胆汁质的人大多是热情而性急的人。

C. 黏液质：这类气质的人灵活性差，对外界刺激反应缓慢；注意力持久而难以转移，适应新的环境需较长时间；言行举止稳重，说话慢条斯理，不易激动、不易发脾气、沉着坚定、喜怒哀乐从不外露；在社交场合中，交际适度，不爱做空泛的清谈，也不愿意显露自己的才能；具有明显的内倾性；能够较好地克制自己的冲动，能够从事比较艰苦、细致的工作。这种类型的人大多是一些沉静而稳重的人，其典型代表人物是《红楼梦》中的薛宝钗。

D. 抑郁质：抑郁质的人敏感多疑，多愁善感；对外界刺激反应慢、不灵活、刻板，但观察力敏锐，善于观察别人察觉不到的细节；孤僻，常表现出一副与世无争、落落寡合的样子；严重内倾，不善交际，但在友爱的环境中，能与别人很好地相处，富于同情心，能接受别人的委托，愿意为别人帮忙；工作学习细致认真，一丝不苟；在意志方面，显得胆小怕事，遇事优柔寡断；在危险情景出现时，常常显得非常紧张和恐惧。其代表人物是《红楼梦》中的林黛玉。

气质本身没有好坏之分，往往来自先天遗传。但气质会影响工作活动的效率，因此，不同气质的人，在学习工作中的效率也不同，在人际交往中的表现也不同。

案例6-6

不同气质的不同表现

有人要上街，刚出门口，不小心踩了香蕉皮，摔了一跤：

胆汁质的人会破口大骂："谁这么缺德！"多血质的人会指着香蕉皮说："开什么玩笑啊？"黏液质的人会自我解嘲地笑笑，爬起来，拍拍身上的土，耸耸肩走了。抑郁质的人会唉声叹气地说："唉，真倒霉。刚出门就摔倒！"最后赌气回家，不上街了。

资料来源：见网址http://www.doc88.com。

【案例点评】 不同气质类型的人,其日常的行为表现是不同的,在学习工作中的效率也不同,在人际交往中的表现也不同。多血质的人更加积极乐观,胆汁质的人遇事容易急躁,黏液质的人处事更加冷静,抑郁质的人遇事往往消极,但是气质本身没有好坏之分,每一种气质类型都有优势和劣势。

2. 性格差异

(1) 性格的定义。性格是一个人稳固的态度和行为方式。

(2) 性格差异的表现。

对现实态度的表现特征:主要表现在处理各种社会关系方面的性格特征,如处理个人、社会、集体的关系;对待劳动、工作的态度;对待他人和自己的态度等。

在意志方面的表现特征:一是表明一个人是否具有明确的行为目标并使其行为受社会规范约束的意志特征,如独立性、目的性、组织性、冲动性、纪律性、盲目性、散漫性等;二是表明人对行为自觉控制水平的意志特征,如主动性、自制力等;三是在紧急或困难条件下表现出来的意志特征,如镇定、果断、勇敢、顽强等;四是表明人对待长期工作的意志特征,如恒心、坚韧性等。

在情绪方面的表现特征:一是情绪活动强度方面的特征,表现为一个人受情绪的感染和支配的程度以及情绪受意志控制的程度;二是稳定性特征,表现为一个人情绪的起伏和波动的程度;三是持久性特征,表现为情绪对人的身体和生活活动所停留的持久程度;四是心境特征,它指不同的主导心境在一个人身上表现的稳定程度。

在理智方面的表现特征:它是指人们在感知、记忆、想象和思维等认知方面表现出的个体差异。

案例6-7

农村新生的苦恼

有一位来自农村的新生,由于中学时代英语缺乏听力和口语的训练,到大学后每当上英语听力课时,面对老师提出的问题不知所措,偏偏老师又记住了她的名字,总在课堂上提问她,这时她认为自己不行,变得非常自卑,同时又怕同学讥笑她,以致一上听力课就紧张,害怕上听力课。还有一位新生,从一所省重点中学考入了一所重点大学的热门专业,在中学时他是班干部、班里的学习尖子,常受到老师、同学、家长的赞誉,又考进了重点大学的热门专业,从他接到入学通知书的那一刻起,他就思考如何在大学里显示自己的才能。然而进大学后的第一学期的期中考试,他的成绩并不理想,只是中等水平。这使他从中学的尖子生,一个自尊心极强、一直受到老师、同学关注的人物,一下子变得极为普通平常,他一下子接受不了,情绪非常低落,心理负担很重,迅速从自傲变得自卑。

资料来源:http://www.docin.com/p-124838376.html。

【案例点评】 案例中的两位同学都未能正确地认识自己。对于第一位同学,这时应找到合适的尺度来衡量自己,努力使主观评价和客观评价相一致。建议采用类比法,将自己与同自己的条件相类似的同学进行比较,看他们是否存在同样的问题。如果与自己条件差不多的同学也如此,那么就是基础差的原因,并不是自身固有的能力差,应针对自己的不足不断完善,改变目前的现状。而第二位同学应该调整心理落差,正确认识自己,重新进行自我评价。这位同学尽管在中学各方面很突出,但进入大学,环境变了、同学变了,大家可能与他都有同样的经历,这时他应摆正自己的位置,认识到自己与同学们是在同一起跑线上的,一开始出现成绩一般的现象也是正常的。因此,此时最重要的是端正自己的态度,正确认识自己,逐渐适应大学的学习内容与方法,提高学习成绩。

（二）反省自我,正视自己的优势与劣势

反省自我,即运用自我观察、自我分析、自我报告的方法进行自我评价。大学新生可以通过对自己的言行举止、心理活动等进行耐心观察,在观察中加强对实际现象的分析,在合理的自我分析中形成自我报告。

通过对自我报告的反省,严于解剖自己,从而使自我评价更客观、独立和稳定。对自己有了客观的评价,还应正面自己的优势与劣势。大一新生应有勇气承认自己的缺点与不足,不要过分追求完美。俗话说:"金无足赤,人无完人。"世界上没有十全十美的人,现实中的每个人都有优点和缺点,一个人的能力再强,或者是再优秀,也不可能在每件事上都超越别人。如果不能正确面对自己的优势与劣势,或者只看到自己的优势而忽视劣势,或者只看到自己的劣势而看不到优势,都会影响到自己的情绪,带来适应的障碍。

案例6-8

农村女生的困惑

一位来自农村的女生,自幼刻苦勤奋、成绩优秀,考入大学后,由于城乡环境的差异,她觉得自己在服饰、语言、动作以至风度上都不能与城市的同学相比,于是内心产生了"先天不如人"的自卑感:上体育课时觉得自己的动作不如别人优美,上课发言时觉得说话不如别人流畅,与别人交往时觉得没有别人有风度,等等。因此她害怕在别人面前表现自己,发展到害怕与别人交往的程度。

资料来源:http://www.docin.com/p-124838376.html。

【案例点评】 这位同学的问题在于她只看到自己的不足,而忽视自己的优势。由于生活环境的不同,来自城市的同学与来自农村的同学相比,确实有一些他们的优势,如知识面、语言、外语、文体特长等,但来自农村的同学也有自己的长处,如勤奋刻苦、吃苦耐劳、生活自理能力强等。这位同学应客观地分析自己的优势和不足,要明白自己与别人的差距是可以通过学习来缩小的,而不是采用逃避的做法,更重要的是通过分析自己的学习能力来提高自信心。

(三)将"理想我"建立在"现实我"的基础上

"理想我"是指个体理想中的个人自我,包括自己所希望达到的理想标准,以及希望他人对自己产生的看法。"现实我",即个体实际表现的自我,是个体现实存在的水平。①

如果"理想我"与"现实我"存在一定程度的差异,可以促进个体的发展,但如果对"理想我"要求太高,反而容易丧失信心,出现各种问题。

美国人本主义心理学家罗杰斯的很多研究结果都表明,"理想我"与"现实我"的过分失调往往是产生神经症等心理障碍的主要原因。北京大学心理学系学者的研究表明,在大学生中"理想我"与"现实我"的差距越大,其抑郁方面的得分越高。

大学新生应将"理想我"建立在"现实我"的基础上,建立合乎自身实际情况的"理想我",即不要将"理想我"的标准定得太高;否则,"现实我"与"理想我"之间存在太大差距,别人的评价亦达不到自我的期望,易产生失望、抑郁等消极情绪,带来适应障碍。

(四)结合自身的优势,确立新的奋斗目标

大学新生还需要在对自我全面、正确地认识与评价的基础上,从自己的实际出发,结合自己的个性和能力优势,确立新的奋斗目标。

心理学研究表明,一个人从事某种活动的动力,取决于他们行动的全部结果的期望值和达到目标的可能性。因此,确立适合自身实际情况的奋斗目标,对于实现理想、发挥自身潜力、适应大学生活都是有益的。

6.2.2 情绪调适

(一)认知情绪

一个高情商的人能够认知自我情绪的变化,并能积极主动地调适自己的情绪、分析判断情绪的影响使得行为反应适时、适度。认知自己的情绪是我们进行情绪管理的第一步。②

1. 认知情绪

(1)要坦率而勇敢地面对自己的某种不良情绪,承认自己某种不良情绪的存在。

---

① 朱智贤:《心理学大辞典》[M],北京师范大学出版社,1989。
② 路涛、李敏:《我国认知情绪调节方式的研究概述》[J],《辽宁教育行政学院学报》,2008(11)。

(2) 明确产生不良情绪的原因可以帮助你解决情绪问题。

(3) 寻找解决不良情绪的方式。

2. 如何认识自己的情绪

(1) 测试法:借助专业的情绪测试软件工具,或咨询专业人士,获取有关自我情绪认知与管理的方法建议。

(2) 沟通法:通过与你的家人、上司、下属、朋友等进行诚恳交谈,征求他们对你情绪管理的看法和建议,借助他人的眼光认识自己的情绪状况。

(3) 记录法:做一个自我情绪的有心人。你可以抽出一至两天或一个星期,有意识地留意并记录自己的情绪变化过程。可以以情绪类型、时间、地点、环境、人物、过程、原因、影响等项目为自己列一个情绪记录表,连续地记录自己的情绪状况。回过头来看看记录,你就会有新的感受。

(4) 反思法:你可以利用你的情绪记录表反思自己的情绪;也可以在一段情绪过程之后反思自己的情绪反应是否得当,为什么会有这样的情绪?产生这种情绪的原因是什么?有什么消极影响?今后应该如何消除类似情绪的发生?如何控制类似不良情绪的蔓延?

(二) 管理情绪

1. 调节和控制情绪的技巧

(1) 转移不良情绪。

(2) 善于宣泄不良情绪。例如:① 适当的哭泣;② 向他人倾诉;③ 痛快地喊叫;④ 剧烈地运动;⑤ 写出烦恼,等等。

(3) 自我安慰。当一个人无法达到其预定的目标或遭遇挫折时,为了减少自身内心的痛苦和不安,常为自己的失败寻找一个自认为是合理而且能够接受的理由或借口来安慰自己。

(4) 自我暗示。自我暗示是指通过言语暗示、想象某种事物存在等方式的作用,对自身施加影响,达到放松紧张心理、缓解不良情绪的目的。表6-2罗列了一些积极和消极自我暗示的语言。

表6-2 积极/消极自我暗示的语言

积极自我暗示的语言	消极自我暗示的语言
我是一个聪明漂亮的人	我长得太丑
我是出类拔萃的	我的成绩永远都赶不上你
我是最棒的	我做不到
我具有强大的行动力	我找不到工作
我能实现自己的美好愿望	没有人喜欢我
我一定会成功的	我不行
今天我很高兴	他们一定嫌弃我

(5) 把你的压抑升华。将强烈的情绪冲动所带来的能量,转化为建设有意义、有价值的

事情的力量,这就是升华。这是对不良情绪的一种高水平的调适,通过其他事情的成功来改变自己的失败处境、改善自己的心境。

(6) 让你的情绪放松。可以通过松弛疗法、音乐疗法等舒缓情绪。

(7) 让幽默带走尴尬和难堪。当产生不良情绪时,一句适当得体的幽默话语,可以消除忧虑、稳定情绪,还可以帮助我们摆脱尴尬和困境、增强自信心。

2. 控制情绪"传染"

"情绪传染"是指由于一个人的不良情绪而影响其他人的情绪。

案例6-9

情绪的传染

有个小男孩心情不好,在路边遇到一只小狗便狠狠踢去,吓得小狗狼狈逃窜;小狗无端受了惊吓,见到一个西装革履的老板便"汪汪"狂吠;心情不好的老板在公司里逮住他的女秘书大发雷霆;女秘书回家后把怨气一股儿脑地撒给了莫名其妙的丈夫;第二天,这位身为教师的丈夫如法炮制,对自己一个迟到的学生一顿恶批;挨了训的学生,也就是前面的那个小男孩怀着恶劣的心情放了学,归途又碰见了那只小狗,二话没说又一脚踹去……

资料来源:百度文库,http://wenku.baidu.com。

【案例点评】 从案例中我们可以看出,正是由于每一个人的不良情绪没有很好的控制,才导致这种不良情绪一直在恶性循环。

3. 食物也可以让你的心情变"美丽"

积极的情绪、愉快的心情不仅仅来自日常生活的感受,也可以来自饮食。

附录:

1. 日常情绪例子

(1) 荒岛上的鞋子推销员。

两个鞋子推销员来到一个荒岛上,发现荒岛上的人都不穿鞋。一个感到非常失望,因为他认为这个岛上的人都不愿穿鞋,要成功推销是没有希望的;另一个感到非常兴奋,因为他认为这个岛上的人还没有鞋子穿,成功推销的希望极大。

(2) 玫瑰花。

A 的看法:"这世界真是太美好了,在这丑陋、有刺的梗上,竟能长出这么美丽的花朵。"

B的看法:"这世界太悲惨了,一朵漂亮、美丽的花朵,竟然长在有刺的梗上。"

(3) 半杯水。

两个人都十分口渴,当见到有半杯水时,他们产生了不同的情绪反应。A:"还好,还有半杯水——满足。"B:"怎么只剩半杯水了——不满!"

讨论:

(1) 在你的学习和日常生活中,什么情况下你的情绪会不好?

(2) 这样的情绪导致了什么后果?

2. 判断下面所用的分别是什么方法

(1) 当我不开心时,会找朋友去打球或看电影。

(2) 当我心情郁闷的时候,会选择去郊游。

(3) 当我被朋友误解时,会找人诉说。

(4) 当我受到委屈时,会痛快地哭一场。

(5) 当遇到困难时,我会告诫自己"世界上没有什么不可克服的困难"。

(6) 当与同学发生矛盾,我会从对方的角度去考虑问题。

3. 管理游戏:戴高帽子

(1) 目的:学习发现并欣赏别人的优点,促进相互肯定与接纳。

(2) 时间:40分钟。

(3) 操作程序:

① 5—8人一组围成圆圈坐下。请一位成员坐或站在圆圈中央,戴上纸糊的高帽子。其他人轮流说出他的优点(如性格、相貌、处事等)。

② 被称赞的成员说明哪些优点是自己以前觉察的,哪些是不知道的。

③ 每个成员轮流到中央戴一次高帽。

④ 规则是必须说优点,态度要真诚,努力去发现他人的长处,但不能毫无根据地吹捧,这样反而会伤害别人。参加者要注意体验被人称赞时的感受如何?怎样用心去发现他人的长处?怎样做一个乐于欣赏他人的人?

⑤ 小组交流体会并派代表分享游戏心得。

4. 心理测试:人际交往能力测试

请结合你自己的情况考虑下面的问题,回答"是"或"否"。

(1) 你喜欢参加社交活动吗?

(2) 你喜欢结交各行各业的朋友吗?

(3) 你常常主动向陌生人做自我介绍吗?

(4) 你喜欢发现他们的兴趣吗?

(5) 你在回答有关自己的背景与兴趣的问题时感到为难吗?

(6) 你喜欢做大型公共活动的组织者吗?

(7) 你愿意做会议主持人吗?

(8) 你与有地方口音的人交流有困难吗?
(9) 你喜欢在正式场合穿庄重的服装吗?
(10) 你喜欢在宴会上致祝酒词吗?
(11) 你喜欢与不相识的人聊天吗?
(12) 你在父母的朋友面前交谈自如吗?
(13) 你在院系集体活动中介意扮演逗人笑的丑角吗?
(14) 你喜欢成为院系联欢会上的核心人物吗?
(15) 你曾否为自己的演讲水平不佳而苦恼?
(16) 你与语言不通的外国人在一起时感到乏味吗?
(17) 你与人谈话时喜欢掌握话题的主动权吗?
(18) 你与地位低于自己的人谈话是否轻松自然?
(19) 你希望他们对你毕恭毕敬吗?
(20) 你在酒水供应充足的宴会上是否借机开怀畅饮?
(21) 你是否因饮酒过度而失态?
(22) 你喜欢倡议共同举杯吗?

● **评分与解释**

本测验的答案并无正误之分。只是一般情况下,擅长于社交的人会倾向于以下答案。

1. 是 2. 是 3. 是 4. 是 5. 否 6. 是 7. 是 8. 否 9. 是 10. 是 11. 是 12. 是 13. 否 14. 是 15. 否 16. 否 17. 是 18. 是 19. 否 20. 否 21. 否 22. 是

检查你在每一题上的答案,若与上述相应答案符合得1分,否则得0分。计算你的得分。

17—22分:你在各种各样的社交场合都表现得大方得体,从不拒绝广交朋友的机会。你待人真诚友善,不狂妄虚伪,是社交活动中备受欢迎的人物,也是公共事业的好使者。

11—16分:你在大多数社交流动中表现出色,只是有时仍缺乏自信心,今后要特别注意主动结交朋友。

5—10分:也许是由于羞怯或少言寡语的性格,你没有表现出足够的自信。当你应该以轻松、热情的面貌出现时,你却常常显得过于局促不安。

4分或以下:你是一位孤独的人,不喜欢任何形式的社交。

第 7 章 价值观辅导

引 言

当今,社会有的人把人生价值直接与金钱对接,认为赚的钱多,工作价码高,就有人生价值,反之则认为人生没有什么价值。这种观念是十分错误和有害的。

学过经济学的都知道,价格和价值并不是一回事。在社会领域和精神文明建设领域,价码和价值更不能画等号。财富不是生活的目的,它只是生活的工具。在市场经济条件下,金钱只能是彰显价值的一个方面,但不是全部。如果一个人把金钱作为衡量一切价值的标准,那么这个人便患上了严重的"价值盲"。爱因斯坦认为,看一个人的价值,应该看他贡献了什么。我们不能把挣钱的多少看做人生中最有价值的东西,而应把为国家作贡献、为社会献爱心作为崇高的追求。

有位哲人曾说:"把金钱奉为神明,它就像魔鬼一样降祸于你。"把人的价值与价码、价格画等号,必然会陷入拜金主义的泥沼。一味地追求金钱,忘记了社会担当、家国情怀、人文关怀,必然会沦为金钱的奴隶。只有树立正确的人生观和价值观,把推动社会进步、扶植正义事业、汇聚正向能量作为人生目的,才能正确对待"价码",防止自乱方寸、美丑颠倒、道德失范,避免"金枷套颈、玉锁缠身"。

辅 导 目 标

通过对价值观辅导的学习,了解什么是价值观以及常见的职业价值观,初步确立自己的职业价值观,成为具有中国传统文化优秀品质和国际视野的合格的大学生。

7.1 价值观与职业价值观

7.1.1 价值观的概念内涵

价值观一般被定义为个人、群体或社会所秉持的原则、标准或品质。价值观可分为共同价值观和个人价值观。共同价值观是一个企业或组织的大多数成员普遍认同、接受、遵守并自觉践行的价值观,具有约束性和归宿感;个人价值观是后天形成的,是通过社会化培养起来的。家庭、学校等群体对个人价值观的形成起着关键的作用,其他社会环境也有重要的影响。个人价值观有一个形成过程,它是随着知识的增长和生活经验的积累而逐步确立起来的。个人价值观一旦确立,便具有相对的稳定性,形成一定的价值取向和行为定势。

由于人员的更替和环境的变化,个人、社会或群体的价值观念是不断变化着的。传统价值观会不断地受到新价值观的挑战,这种价值观冲突的总的趋势是前者逐步让位于后者。价值观的变化是社会改革的前提,也是社会改革的必然结果。

案例 7-1

"苹果"引发的疯狂事

事件一:"果粉"为 iPhone4 排队三通宵

2010 年 9 月,iPhone4 登陆上海首日,疯狂的骨灰级"果粉"们彻夜排队,一家专卖店排在首位的粉丝甚至花费了三个通宵近六十个小时的等候时间。据当时媒体报道,有的学生为了成为购买 iPhone4 的第一人,甚至放弃了难得的周末休息机会,半夜就到店里排队。

事件二:女大学生称没苹果三件套就丢人

中关村某电子卖场看到如此一幕:一家苹果产品销售店门前,一名女孩怀抱一台 iPad,一脸愠色。而不远处,一名中年女子蹲在墙角,手捏纸巾,低头不时抽泣。销售人员告诉记者,这名女孩即将去外地上大学,今天特意过来买数码产品,"她上来就要买 iPhone4s、iPad3 和 Mac book 这'苹果三件套',而且都得是高配,超过两万元的支出让母亲觉得有些吃不消"。刚说完这些,女孩儿大喊一声:"不给我买,就让我在大学丢脸去吧。"说完便扔下母亲,扬长而去。

事件三:为买 iPad2,17 岁男孩卖肾

小郑本是安徽的一名高一学生,很想买一台 iPad2,但没有足够的钱。一日,他在网上结识了一个卖肾中介,对方称如果他卖掉一个肾就可以有两万多元的收入。iPad2 的诱惑让小郑毅然决定卖肾。

4 月 28 日,小郑瞒着父母在中介的安排下来到了湖南郴州,有三个自称是卖肾中介的人带着小郑去郴州某医院做了摘除肾脏手术,三天后小郑就被带出了医院,他得到了卖肾的 22 000 元钱,带着"苹果"手机和 iPad2 回到了安徽老家,可是一回家妈妈就发现了他身体上的伤疤。小郑的母亲当即带着他搭上火车赶到郴州报了案,然而小郑提供给警方的三个卖肾中介人的电话却再也没有开过机。据媒体调查,小郑做手术的那家医院表示对卖肾毫不知情,因为医院的男性科和泌尿科已经被医院承包给一个福建商人。

【案例点评】 为什么非要买"苹果"

话说回来,世上哪有无缘无故的爱?相信卖肾的男孩也不是凭空爱上"苹果"的。"你情我愿"也需要媒介。网络上,"果粉"论坛成为拜物者的晒物平台和"数码控"的炫技战场。现实中,潮人们带范儿的手捧"苹果"行走于时尚场合,每一次举手投足都堪称一场不经意的作秀。

与此同时,真实的低调者并非不存在,本本分分使用笔记本电脑的白领一族,恐怕很难抽出宝贵时间到处去秀,于是,一心使用电脑的人反倒形成了最难得一见的群体。严格地说,这类人,其实并不能称为"果粉",充其量只是"苹果"产品的使用者。

在一些网友的评论中,"苹果"使用者依据不同的心态被分成了三大流派。

流派一:晒产品一族

我实在口水 iPad2,可是 Mac book air 实在太萌了,我是不是应该都收了?拿着两台机器去喝咖啡,真是招摇啊!哈哈!

连天后王菲都在使用 iPhone4 的水晶手机壳呢!真的好闪!我也想要,真的很拉风!可我要先买手机才行……

虽然白色的 iPad2 更贵一点,我还是愿意割肉买下来!因为造型真的好漂亮!

买了 iPad 就直奔星巴克,使用 WiFi 多爽啊!白色版更有范儿。

流派二:科技产品控

Win 版绿毒,我手把手地教大家用啊!这个需要左右两手操作,讲究技巧的,哈哈!练不好的话,容易白"苹果"啦!

只有破解后的 iPhone4 才能接个蓝牙无线键盘,到时就能施展极速短信大法了!

流派三:纯工作需要

每个人都认为,iPad 这款产品得依靠传统的计算机程序才能获得成功。毕竟,如果你连 Office 软件都用不了,还有什么价值可言?

我使用 iPad 是出于一些特殊目的,比如录制音乐、创作诗歌以及在教学中充当图书注解。

说实话,在雪豹系统下处理文档和 Windows 没太大区别,有些操作上的区别需要适应,但我还是推荐使用 Mac book Pro,Air 是小上网本,轻便,美观,性价比就不如 Pro 了。

价值观是人们对客观事物在满足主观需要方面的有用性、重要性、有效性的总评价和总看法,是人们的一种观点和信念,是世界观的组成部分。[①] 像这种对诸事物的看法和评价在心目中的主次、轻重的排列次序,就是价值观体系。

价值观和价值观体系是决定人的行为的心理基础。价值观涉及"什么是应该的"这样的问题,它影响着我们作出的行为,或者说我们是在价值观引导下作出相应行为的。价值观也

---

① 黄希庭、郑涌:《当代中国青年价值观研究》[M],人民教育出版社,2005。

会塑造你的态度,当你认为一件事对你有价值时,你就会持积极态度对待它;当你认为一件事对你没有什么价值时,你就会持消极态度对待它。那么,对你而言,什么是有价值的呢?你可以做一个测试(见附录1)。

现在,社会因素的复杂多变,使得人们往往不再把生活的价值目标和意义看做确定无疑的,生活世界的动荡不定使得人们难以形成固定不变的价值观念,许多人失去对生活意义的坚定信念,怀疑主义、相对主义、非理性主义随之蔓延。然而,现代社会却又要求人们对自己的生活抱有明确的态度,作出明确的自我决定和选择。人们从来没像今天这样强烈地需要相对稳定的价值观念的支撑,需要在变动不定的世界寻求一个安定的精神家园。然而,生活世界的变幻不定、理想信念的迷失,又使人难以弄清生活的最终意义。人往往生活在渴望理解生活的最终意义,却又怀疑生活最终意义存在的矛盾之中;生活在因缺乏稳定的价值观念而对周围世界无所适从却又必须作出明确的自我决定的矛盾之中。由于缺乏精神的支撑,人的心理承受能力脆弱,无法应对复杂的社会矛盾和变动不居的社会生活,精神病患者增多。

案例7-2

我的个人价值观

都说人生如棋、如画,我的人生——如棋吧,一直都是举棋不定、在风雨飘摇;如画吧,一直都是在画小丑;哈哈,也许这就我的宿命吧!

我一直都不相信我的命运会很糟糕,事实一次次证明了我的一生就这样的糟糕,并且糟糕得一塌糊涂。

你们都说我们在出生的时候上天就把我们一生的命运都编排好了,那你可曾知道这么一句话"三分天注定,七分靠打拼,爱拼才会赢",你们也许只知道这句话的表面意思,从来没有去深究过里面蕴藏着的更深层的含意!

人的一生是活给自己的,不是活给别人看的,谁也左右不了我们的人生,自己的人生道路都应该由自己来规划,自己规划的道路,自己走着才放心。孔子曾说过"择其善者而从之,择其不善者而改之",这句话就是告诫我们:不要盲目地听从别人的话,别人说的对的时候我们可以继续做下去,别人说错的时候我要从多个角度去观察,如果真得错的话我们要更正。古人曾说"人谁无过,过而能改,善莫大焉"。古人尚且能做到,我们难道不能吗?

仔细看一下你的周围,你能不能发现,不管你的朋友在社会上发展得多好,还是多差,始终都会有人从不同的角度去评价他。有评价说他好的,有评价说他不好的,有评价他成功前是怎样付出努力的,也有说他在成功前用过怎样卑鄙的手段的……不要盲目地对一个人的人生下定论,我们不是上帝,我们没有权利去指责和评价一个人!

一个人一生都是在选择和得失中度过的,不管你怎样选择都会失去某些而得到另一些;

看一个人一生的成败,不要看他得到了什么,而是看他失去了什么。倘若他为了成功不择手段地抛弃了身边所有的亲人、失去了别人对他的信任、丧失了一个做人最基本的原则,那么这个人你能说他成功吗!

我们应从不同的角度去寻找个人的人生价值。我曾经看过一篇文章,内容是说一个人拿着带有圆孔的石头去卖,当他卖给一个农民的时候,农民说"我拿回家可以给孩子玩",只给他2毛钱,这个人没卖;然后又过来一个商人,看中了他手中的石头,只给他2块钱,他说可以买回去做秤砣,这个人也没有卖;最后又过来一个老者,他非常惊奇地看着那个带圆孔的石头,然后以20万的高价购买了那个石头,他对那个卖石头的说"这个石头最低也值50万",当时那个卖石头的都惊呆了!这个故事听起来可能令我们难以置信,我们暂且不谈这件事的真实性,我们有没有从这句话里面听出些什么?这个故事是否告诉了我们一个什么道理?一个人要从不同的角度去寻找自己的位置,如果你想提高你的价值那就请你挪一下你的脚!

心态决定我们的成败,不论做什么事都要把心态放正;端正心态,提高我的人生价值;我以前在工厂做机修工的时候,每一次分配工作,我都觉得自己分的事比别人多还难做,别人分到的很少并且很轻松,于是心里很不舒服,久而久之对工作就有些厌烦了。后来一次无意中跟我的一位师傅说到这件事的时候,他马上就批评了我,他说"给你分配的多、难度大,那是主管信任你,相信你比别人更有能力去完成",你当时如果把心态放正了,那你会不会这样想"主管是不是在考验我,是不是想提拔你,就算他没有那个意思,你也要以乐观的心态去面对,我做得多,我会比别人更熟练,掌握的更多"!乐观的心态也能提升我们的人生价值,如果当时我就跟那个主管提议,那他会如何看待我,如果他真得是在考验我,那我不是辜负了他的良苦用心!是不是也错过了一个锻炼自己,提升自己的机会!

资料来源:http://bbs.01ny.cn/thread-559923-1-1.html。

【案例点评】 价值观其实就是对待生活的一种态度和价值取向。价值观是事物价值的主观反映,是人们对社会存在的反映,它通过社会化培养形成,是指导人们行为的准则。想一想:我们在与人交往的时候,人们是否会考虑到价值观的差异问题?

案例 7-3

把自己当坏人

周先生与钱先生在一个楼道里对门住着。远亲不如近邻,两个人抬头不见低头见,日子一久变成了朋友。周先生在大学里教哲学,对禅宗很有研究。受其影响,家人跟着学禅、习禅。钱先生是一位正直无私的好法官,只认公理,不畏权贵,铁骨铮铮,人们对他交口称赞。清官难断家务事,钱家经常"战火纷飞",隔三岔五便有争吵声传出,钱家人的嗓门也锻炼得一个比一个高。与钱家相反,对门周家却从来不见争吵。一次,钱先生家又发生激烈"交火",钱先生落荒而逃,独自在小区的饭馆里喝闷酒。恰巧周先生从窗前经过,钱先生把他拉进来,周先生以茶代酒,与钱先生边喝边谈。钱先生向周先生请教:"周老师,家中不安宁,让您见笑了。从来没听过您们吵闹,有什么好招可以告诉我?"周先生说:"你家之所以总是吵闹,是因为你们家都是好人。我们家之所以不吵闹,是因为我们家都是坏人。"钱先生脸上有些不悦:"老周,您说笑话吧?我是认真的。"周先生一脸认真,说:"你是法官,请你说说,常有理的,是不是好人?坏人是不是总不占理?"钱先生说:"一般情况下是这样。"

周先生笑着说:"你们都觉得自己是对的,常有理,都要征服对方,所以就经常产生摩擦,于是就对立起来。而我们家里的人,都认为过错在自己,有什么问题赶紧认错,所以就少了火药味。"周先生将手中的茶杯放在餐桌边上,说:"比如这个茶杯,有一个人把它这样放在桌子边沿上,另一个毛手毛脚的人把它碰落下去,摔了个粉碎。他如果不认为是自己粗心的过错,必定会大喊大叫:'是谁把这个茶杯放在碍事有危险的地方?'放茶杯的人一定不服气,反驳道:'你如果不碰它怎么能摔碎呢?'打破茶杯的人当然不肯承认自己的责任,就会争辩说:'你如果不把它放在这个地方,我怎么会碰到它呢?'如此这样,必定争吵没完。同样的事情,如果发生在我们家,打破茶杯的人会马上说:'对不起,是我不小心。我立刻清理以免碎玻璃扎伤你。'而放茶杯的人也会觉得不好意思,赶紧把责任揽到自己头上,检讨自己茶杯放得位置不对。于是,一个人拿扫把,一个人收拾玻璃碴,将上上下下清理干净。老钱啊,这就是我们家相安无事的原因。"

资料来源:马志国,《心理与健康》,2009(05)。

【案例点评】 生活中的事很难明断是非,很难分清责任,如果彼此都能让一步,就会"海阔天空"了。对于工作来说,也是如此。

7.1.2 职业价值观的概念

许多职业生涯规划和咨询都是以"人的价值观"为基础。你应该思考对自己举足轻重的价值观,然后根据该价值观规划职业生涯。对于价值观的探讨,旨在帮助你了解及区分影响价值观的不同要素,倘若你能够将这些要素更加明确地划分,你就可以挑选出哪些价值观可以为你提供方向感,以及提升你的人生,进而能使你形成自己的职业价值观。

在为自己做职业生涯规划之前,一定要清楚和明确自己的价值观和职业价值观。价值观和职业价值观决定了哪些因素对你是重要的,哪些是不重要的;哪些是你需要优先考虑和选择的,哪些不是。[1]

---

[1] 凌文辁、方俐洛、白利刚:《我国大学生的职业价值观研究》[J],《心理学报》,1999(03)。

什么是职业价值观？职业价值观是指一个人对职业的认识和态度，以及他对职业目标的追求和向往。职业价值观决定了一个人的职业期望，影响其对职业方向和职业目标的选择，决定其就业后的工作态度和工作绩效水平，从而也决定了其职业发展情况。[①] 不同人对职业特征可能有不同的评价和取向，不同时代、不同制度环境和不同自然条件下，会有不同的职业观。不同的成长环境、教育背景和个性追求也有不同的择业观。所以说，职业价值观是人生目标和人生态度在职业选择方面的具体表现。

案例7-4

乐业成就人生

父亲是个好木匠，在乡亲们中间，很有名气。儿子长大了，学会了父亲的绝活，却不太满足于现状，想到大城市里闯闯。年轻人有志向，这是好事，父亲很支持。但同时，他又不放心儿子，说儿子手艺还没学成，等等再说。儿子不服气，花半天时间，做了一扇门，摆在院子当中，叫父亲过来看。门做得非常到位，父亲挑不出毛病。

儿子得意地笑了笑，收拾行李便打算走。谁想，父亲却一把拦住了他，说："不行！你干活的时候，为啥老是愁眉苦脸？"这不是鸡蛋里挑骨头吗？儿子拉着脸，答道："这是出力活，我还能笑啊？"父亲摇摇头，拿出一只玻璃杯，沏上热茶，笑道："你说一下，这茶叶现在会是啥感受？"儿子撇撇嘴，说："啥感受？痛苦呗，在那样滚烫的水里，能好到哪儿去？"一听这话，父亲严肃起来，坚决不放儿子出去。

儿子很沮丧，可又没办法，只好跟着父亲，继续在乡下干。见儿子这个样子，父亲就耐心开导他，说："人总得要门窗，总得要家具，咱们啥时候也不会失业。咱也不下贱，往大了说，咱也是搞艺术的，你懂不懂？"

开始，儿子不解，心说：啥搞艺术，就是出苦力的！后来，时间长了，儿子终于想通了父亲的话，再干活时，他也显得精神多了，主动多了，像在享受着一种乐趣。

一天，他给父亲沏了一杯热茶，指着里边翻卷沉浮的茶叶，说："我知道了。这茶叶不是痛苦，是开心，你看它那欢腾的样儿。"父亲暗暗高兴，"哦"了一声，等他下面的话。儿子笑了笑，又说："茶叶就是叫人喝的。这时候，它要发挥它的用处了，当然舒服得要命，是不是这样？"

"茶叶要是不开心，喝起来咋会香呢？"父亲点点头，说道："其实，人也是一样，不管干啥，不管技术高低，你都要乐意你的活儿，才能干出点事来。你总算明白了这个理儿，这就好。"说完，父亲喝了一口茶，彻底放下心来。

几天后，父亲送儿子来到大城市，拿出自己多年的积蓄，帮儿子开了个木工店。儿子也

[①] 郑洁、阎力：《职业价值观研究综述》[J]，《中国人力资源开发》，2005(11)。

算争气,由于他很"乐业",不到两年,就干出了一些名堂,把小小的木工店,扩大成了木材加工厂,生意相当红火!

资料来源:付劲松,《新故事》,2009(01)。

【案例点评】 心想事成——你心里怎么想的决定了你的价值观取向,也决定了你的事业成功与否。

案例7-5

非你莫属之杨晓彤

从小生活条件优越的她,在爸爸的呵护下没经历过什么风浪,而为了证明自己的能力,她希望找到一份脱离爸爸的工作独立生活。而她更是直言喜欢慕岩百合网迫切希望去百合网从事红娘工作着实让大家吃惊不小。张绍刚更是勇敢"表白",直言有种想保护杨晓彤的冲动。颇为抢手的她会获得哪些工作机会呢?

资料来源:《非你莫属》节目,天津卫视,2012年4月16日。

【案例点评】 杨晓彤是一个简单、单纯、自信、坚持、有职业目标的女孩,她没有富二代的张扬和奢华,她的微笑感染了招聘者,她的追求打动了招聘者,她的价值观赢得了咖啡之翼招聘者的青睐。

7.1.3 职业价值观的测试

哪个职业好?哪个职业适合自己?从事某一项具体职业的目的是什么?这些问题都是职业价值观的具体表现。在选择职业之前,首先要知道自己的价值观。

通过职业价值观测试(见附录2),你可以大致了解自己的职业价值观倾向。了解自己的价值观,你就可以理解在有些问题上,为什么和其他同学或同事的看法不同。同时,以此为基础来考虑一些问题,或对一些问题作出抉择,可能会更符合你自己的心愿,也可以使你在处理问题上更加成熟、理智和客观。

选择一种职业,其实质就是选择一种生活方式。虽然测试出来的职业价值观可以在你选择职业时起到一定的参考作用,但这种职业必须是你内心所孜孜不倦追求的,而且是你心甘情愿的选择。

> **案例7-6**
>
> **心甘情愿的选择**
>
> 　　心理学家做过一个实验：先让一群受测者接受痛苦的电击，并记录下每个人在被电击时的主观感受、行为反应及生理变化。然后让部分受测者接受第二轮的电击，但接受的原因各不相同，甲组受测者是"能获得金钱的酬劳"，乙组是在"为科学作出贡献"的社会压力下参加的，丙组则是出于"个人自己的选择"。结果发现，出于自己选择的第三组不仅报告说第二轮电击不像第一轮那样痛，其行为反应和生理变化也显示他们确实比第一轮平静许多。而其他两组三方面的变化都不大。这表示，即使是一件痛苦的事，如果能承认那是出于自己的选择，自己愿意承担，它就不会再那么让人感到痛苦，而且你个人的身心也都会变得比较健康。
>
> 　　资料来源：王溢嘉，《东方不败为什么喜欢绣花》，《青年文摘》，2009（10）。
>
> 　　**【案例点评】**　只要是"心甘情愿"的选择，那就是一种幸福。如果你的人生、学业、职业都是来自你心甘情愿的选择，或者能够将它们视为是你"心甘情愿的选择"，那不仅会比较健康，而且还会有幸福的感觉。本案例希望可以引导大学生积极向上地对待学业、创业以及职业的选择。

7.2　职业价值观的决定因素

　　价值观和职业价值观的形成与态度的形成非常类似。但是，价值观比态度更稳定。态度是易变的，价值观也会改变，但其改变通常要比态度的改变缓慢。社会能影响我们的价值观体系，有些在过去被认为是无法接受的事情，将来可能会变得很平常。随着年龄的增长，价值观也在改变。

　　对自己的价值观，特别是职业价值观进行分析时，可以参照学者们所提出的价值观类型，看自己到底属于哪一种。其实，我们可以把不同职业价值观的内容加以归结，根据他们所体现的主要方面，来确定自己的职业价值观中主要的因素是什么。张再生教授把这些因素总结为三类，并认为职业价值观的分析可以从以下三个方面展开[①]：

　　第一，发展因素，主要包括符合兴趣爱好、机会均等、公平竞争、工作有挑战性、能发挥自身才能、工作自主性大、能提供培训机会、晋升机会多、专业对口、发展空间大、出国机会多等，这些职业要素都与个人发展有关，因此称之为发展因素。

---

① 张再生：《职业生涯规划》[M]，天津大学出版社，2012。

案例7-7

马明洋的求职

21岁的马明洋1991年4月11日出生于吉林松原,就读于吉林师范大学地理信息系统专业。从大三开始,他酷爱收藏球鞋,觉得北京是球鞋的大本营,所以希望能在北京发展好从而在第一时间接触到更多的球鞋。关于球鞋的一些问题和知识,他总能娓娓道来,更是直言"球鞋比女朋友更重要"!作为球鞋的爱好者,他更是作为用户体验指出好乐买存在的不足,并提了五点建议。一番交流后,招聘者们称其为销售天才并开始了一轮争人大战。来自聚美优品的陈欧对他发出邀请:"来我这,虽然没有鞋,但可以有化妆品送女友!"来自洁丽雅的黄海南也不甘示弱:"来我这,可以做擦鞋的工具!"面对众招聘者的青睐和盛情邀请,他依然选择了好乐买,2012年7月开始了在好乐买的工作,圆了自己的"球鞋"梦。

资料来源:《非你莫属》节目,天津卫视,2012年5月13日。

【案例点评】 马明洋一个对球鞋痴迷的大三在校学生,在市场营销方面充分展现了他的兴趣、能力和才华,正是这份兴趣和才华才使他赢得招聘者们的认可,也正是这份兴趣和执着才使他不改初衷加盟好乐买。

第二,保健因素,主要包括工资高、福利好、保险全、职业稳定、工作环境舒适、交通便捷、生活方便等,这些职业要素与福利待遇和生活有关,因此称之为保健因素。

案例7-8

苦恼的是薪水还不错

很多人不喜欢自己的工作,但是却连"换个行当"的想法都不曾有过。大概就像旧时骨子里刻着"嫁鸡随鸡,嫁狗随狗"教条的女人一样,他们觉得一旦和这一行产生了联系,就要永永远远和它捆绑在一起。

跟这些毫无想象力的人相比,我的一位大学同学显得更聪明些。他现任一家保险公司客户服务部的主任,每天只和一堆人名打交道,除了办公室里看了近十年的那几张熟面孔,他从不认识工作之外的人,也不参加工作以外的其他活动,更不用说是改行了。

工作无趣已经够苦恼的了,更苦恼的是薪水还不错。前者让他屡次萌生改行的决心,后者则使这些好不容易萌生出来的决心一次又一次顷刻间碎裂。

毕竟,这个积累了近十年的工作已经让他成为年薪十万以上的中层经理,如果换到一个新行当,和大学刚毕业的年轻人一样每月两三千元的薪水,心理能否平衡呢?一边是理想,一边是现实。

几年来,决心与反决心斗争的结果是他依然在原地踏步,增长的只是内心的痛苦。恨只恨这个公司给的薪水太高了,若一个月只发两三千元,说不定他早已在另一个自己喜欢的行业中有所建树了。

当然,也有敢想敢做的人:辞掉高薪的工作,自己去开间破旧小店的;从世界500强之一的公司里跳出来,跟着私人老板走南闯北;放着好好的外资银行经理不做,回到家里码字过日子的。这个世界之所以精彩,就是因为人与人之间有差异。面对同样的选择、同样的得失,不同的人会交出不同的答案,得到不同的感觉。

其实,人一生也就几十年,若还不能随性一把,光守着那几个不开心的钱又有什么意思呢?我的同学说我过于幼稚,他说真理分为理想中的真理和现实中的真理两种,而理想终归是要向现实妥协的。

我不明白他究竟想说什么,却依旧相信简单而纯粹的逻辑:十万年薪和令人愉悦的工作,究竟哪个更重要一些?要么走,要么留,不去想理想不理想、现实不现实。

资料来源:薛莉,《更苦恼的是薪水还不错》,《37°女人》,2007(11)。

【案例点评】 当你正在从事一项你不喜欢的工作时,敢不敢换行?这的确是一个难题——因为你要舍弃你所获得的一切,尤其当你的薪水还不错的时候,这种换行的决定更难。但如果你不勇敢走出这一步,你的一生可能从此就黯然无光了。

第三,声望因素,主要包括单位知名度、单位规模和权力大、行政级别和社会地位高等,这些职业要素都与职业声望地位有关,因此称之为声望因素。

职业价值观是一个复杂的多维度的心理因素,对职业的选择和衡量有多种要素的参与,但各要素起的作用是不同的。从当前的实际来看,许多调查显示,大学生的职业价值观越来越重视发展因素,而对保健因素和声望因素的重视程度则因人而异,差别较大。①

在职业价值观分析和测定过程中,个人必须处理好职业价值观不同要素之间的关系,并根据不同时期、不同情况明确自己的职业核心需求,以便合理制定自己的职业生涯规划和相关策略。

7.3 职业价值观的影响因素

7.3.1 遗传或先天性因素

遗传基因或先天性因素影响着人的价值观的形成。但是,这些因素在后天的发育和显

---

① 阴国恩、戴斌荣、金东贤:《大学生职业选择和职业价值观的调查研究》[J],《心理发展与教育》,2000(04)。

现对于职业的发展与成功更为重要。①

案例 7-9

瞬间也要美丽

8月,阿根廷的布宜诺斯艾利斯还是稍显寒冷,玛莉娜不由停下脚步,因为眼前的拾荒孩子正在把翻过的垃圾又一点点放回垃圾筒,她收拾得是那么仔细而神圣,仿佛面前不是一堆垃圾,而是一棵圣诞树,她正在摘取她的礼物。

"喂,孩子,别人可都是翻完垃圾就走的,你为什么还要动那些脏东西?只要再过一小会儿环卫工人就会来收拾。"玛莉娜问了一句。

"这块草坪多漂亮,毕竟环卫工人还要等一会儿,即使瞬间也要让这里尽可能美丽,不好吗?"孩子边收拾着垃圾边说。

这个拾荒的孩子的话让玛莉娜很意外,"瞬间也要美丽",她默默地站在那里看着孩子的身影,为这孩子的话而感动。许久,玛莉娜突然意识到拾荒的孩子并没有离去,赶紧让她起身转过头。在那瞬间,玛莉娜惊呆了,面前这个孩子虽然衣服很旧但很整洁,面容黝黑但很干净,而她姣好的身材和脸形是玛莉娜近几年都少见的。"你愿意当模特吗?"玛莉娜脱口而出,玛莉娜·冈萨雷斯——世界著名项链设计师,她知道什么样的苗子能成为一流模特。

资料来源:赵文斌,《阅读与鉴赏:中旬》,2009(9)。

【案例点评】 三年后,这个叫妲妮拉的拾荒女孩接连击败1 000多名竞争对手,一举摘得全球最大模特经纪公司Elite举办的"世界精英模特大赛"阿根廷赛区选拔大赛的桂冠。从丑小鸭到白天鹅,从垃圾堆到T型台,记者问玛莉娜靠什么发现了妲妮拉的潜质,玛莉娜笑着说:"一个懂得瞬间也要美丽的人,想一生不美丽都很难。"

案例 7-10

涨 薪 启 示

某公司新招收了一批员工,在公司对他们进行了一个月的技能培训后,他们正式入职了。他们的主要工作是将公司回收的各种报废汽车分解成一个个小平面块,然后,装车送进钢铁厂。

一个月后,在将要发工资的前几天,公司经理突然宣布,一名叫武胜利的员工要比大家多500元月薪。经理平静地告诉大家:"同样一辆报废汽车,别人分解需要4天,而武胜利

---
① 耶胡迪·巴鲁:《职业生涯管理教程》[M],陈涛、孙涛译,经济管理出版社,2005。

总比别人少用半天或一天时间,即在相同的时间内,他完成的工作量总比你们多,而且也保证了质量。"

又过了一个月,在发工资的前一天,经理又当众宣布,武胜利的工资再加500元,这下公司有些人就更不服了。有的私下说武胜利会拍马屁,经理却温和地告诉大家:"事实并不像有些人说的那样,而是因为你们每天工作8小时的工作完成量虽然和武胜利差不多,但是武胜利却把报废车上的好多铜、铝都割下来了,将其带在废铁上当铁价卖了,你们却没有这样做。铜价每公斤50多元,铝也10多元。这样,武胜利一个月就给公司挽回了2 000多元的损失。同时,你们中的大部分人中午下班时,割铁用的氧气和液化气的开关都没有关掉,但武胜利做到了。"

后来,由于武胜利工作突出,公司董事长把他调到下属分公司专抓质量工作。因为有些质检员收受客户贿赂,使公司蒙受了很大的损失。而武胜利在分公司工作期间严把质量关,由他发往钢铁厂的废铁从没发生过掺杂石头、沙子、砖头等情况,不管客户如何贿赂他,他常说的一句话都是:"我要对得起自己的良心。"

现在,他已升任公司副总经理,有车有房,年薪十多万元。这时人们翻开他的履历,才知道他的文化程度仅仅是初中。

资料来源:常志刚,《人才资源开发》,2009(4)。

【案例点评】 工作不在于你会做,而在于你做得比别人好。在各大企业和公司中,有时你只要把工作做得比别人好,比别人精,不用你说话,上司自然就给你加工资了。工作做不好而要求利益,那也是白费口舌。

7.3.2 勤奋与历练因素

世界上有天才吗?有的,但不是先天使然,而是后天造就,勤奋与历练是不可或缺的经历。我们不妨看看那些成功人士的经历。

莫扎特:父亲是知名音乐家,3岁启蒙教育,对作曲和演奏强化训练,21岁前的作品大多是对老师巴赫的模仿。从5岁到21岁,以每天3小时的练习时间来计算,练习时间总计17 520小时。

巴菲特:从小就有经商经历,父亲是交易员,从11岁开始经常到父亲办公室工作,直到20岁也没有显示出投资天赋。之后到哥伦比亚大学师从格拉姆,并到其交易所工作,两年后回家乡开了自己的交易所。又过了十几年之后才成名。

克里斯·加德纳:在历经多次挫折之后,他终于拥有了属于自己的事业——一家以自己名字命名的证券公司,成为世人瞩目的百万富翁。

7.3.3 教育与训练的因素

案例7-11

真希望第七次见到你

在泰国曼谷的一家酒店,清晨打开房门,一名漂亮的泰国小姐微笑着和我打招呼:"早,余先生。"

"你怎么知道我姓余?"

"余先生,我们每一层的值班小姐要记住每一个房间客人的名字。"

我心中很高兴,乘电梯到了一楼,门一开,又一名泰国小姐站在那儿:"早,余先生。"

"啊,你也知道我姓余,你也背了上面的名字,怎么可能呢?"

"余先生,上面打电话说你下来了。"原来她腰上挂着对讲机。

于是她带我去吃早餐,餐厅的服务人员替我上菜,都尽量称呼我余先生。这时来了一盘点心,点心的样子很奇怪,我就问她:"中间这个红红的是什么?"这时我注意到一个细节,那位小姐看了一下,然后后退一步说那个红红的是什么。

"那么旁边这一圈黑黑的呢?"她上前又看了一眼,又后退一步说那黑黑的是什么。这后退一步就是为了防止她的口水溅到饭菜里。

我退房离开的时候,服务人员刷卡后把信用卡还给我,然后再把给我的收据折好放在信封里,还给我的时候说:"谢谢你,余先生,真希望第七次再看到你。"第七次再看到,原来那次是我第六次去。

三年过去了,我再没去过泰国。有一天我收到一张卡片,发现是从他们酒店寄来的,上面写着:"亲爱的余先生,三年前的4月16日你离开后,我们就没有再看到你,公司全体上下都十分想念,下次经过泰国一定要来看看我们。"卡片最下面写的是"祝你生日快乐"。原来写信的那天是我的生日。

这种优质的服务无疑赢得了一名顾客的心。

资料来源:余宝生,《饭店世界》,2011(4)。

【案例点评】 酒店的服务水准从服务员的身上(更为确切地说是行为)体现出来,这得益于酒店健全的管理制度和专业的培训。管理学有一条"二八定律",即百分之二十的客户创造百分之八十的利润,这百分之二十的客户就是来自优秀服务创造的忠实顾客。

7.4 职业价值观的养成

7.4.1 坚持正直(有正义感)

有人曾经说过,"做人不能有傲气,但不可无傲骨"。在这里,傲气指的是藐视他人、唯我独尊的意思;而傲骨则是指不畏权势、坚持正义、维护独立和尊严的行为。一个人的骨气在某种程度上透露出一个人的灵魂,这是一种不能用知识衡量更不能用金钱和头衔衡量的品质,是在高权力距离的文化环境中尤其罕见的东西。① 而一个有骨气的人才是独立的人,才是在"高压"情况下不失去自我的人,才是在任何情况下都值得信任的人、正直的人。

韦尔奇说,具备正直品行的人要说真话、守信,他们要对所做过的事情负责,勇于承认错误并改正。他们了解自己国家的法律、行业的规范以及公司的制度——既包括书面的规定,也包括法规的精神,此外,还要自觉遵守并用光明正大的手段来取得胜利。

案例7-12

当正义遭遇利益

在这个游戏里,我和你一共拥有1万元钱。我们两个通过掷骰子来决定谁来分配这笔钱。游戏的规则如下:提议分钱的人可以决定用任何方法,比如1万元全部归自己,什么也不分给对方;或者一半归自己,一半给对方;或者给自己8 000元,给对方2 000元;等等。提议分钱的人确定分钱方案后告知对方,如果对方同意,那么双方最后拿到的钱数就是提案中建议的比例;如果对方拒绝,那么双方谁也拿不到一分钱。在这种情况下,如果你是提议分钱的人,你会把多少分给自己多少分给我呢?如果我是提议分钱的人,你会在什么情况下接受我的提案呢?

现在,我们把这个游戏的规则稍作改动,改动的地方只有一处。那就是当对方拒绝的时候,游戏不立刻终止,而是继续一轮,并让双方的角色进行互换。与此同时,每拒绝一次,双方都需要付出一点代价,即扣除一些钱,但是扣除的比例不同。比如,总共有1万元可以分,如果你是提议人,而且提出给你自己9 000元,我拒绝,那么我们两人都会被扣除一些钱,只是你会被扣掉5元/次,而我会被扣掉10元/次。我拒绝之后,游戏继续,我变成了提议人。如果这时我提出给自己7 000元,给你3 000元,你接受的话,游戏就此终止;但如果你拒绝的话,我们又会被各自扣除5元、10元,然后继续游戏,直到接受为止。

资料来源:陈晓萍,《简化人情》,北京大学出版社,2011;《管理@人》,2010(4)。

---

① 魏金明、陈沙麦:《对大学生职业价值观的现状分析及引导措施》[J],《福建农业大学学报》,2001(03)。

【案例点评】 规则改变之前,大部分的提议人在这种情况下都会提出"对半分"的提案,表现出自己是具有公平意识的人。当提案中提议给对方的比例为总数的20%时,80%的人选择了拒绝;当比例为30%时,60%的人选择了拒绝;当比例为40%时,将近50%的人选择了拒绝,情愿得不到一分钱也不愿意让对方占自己的便宜。由此可见,在这种情况下,大多数人愿意牺牲自己的利益而彰显公平。结果令人鼓舞。

规则改变之后,因为你我每次拒绝被扣除的钱数不同,两个人在玩游戏时的权势就有了区别,扣得多的那个人(就是我)在客观上显然就处于弱势。在这种情况下,我们发现了非常不同的结果,那就是,那个处于强势的人在提议时,几乎所有的人都给对方低于50%的钱;而那个处于弱势的人的提案都是给自己低于50%的钱(知道自己地位低一开始就底气不足,不敢奢求公正待遇)。此外,大部分的拒绝都来自弱势者(>90%),但是很明显,随着时间的推移,处于弱势地位的人拒绝不公平提案的次数越来越少,只有不到1%的人坚持拒绝到底(当然这些人最后拿到的钱就最少)。

更令人沮丧的是,看到当我们把游戏改变成"独裁者游戏"(dictator game)的时候人们的表现。在这种游戏中,提议人扮演的是独裁者的角色:他可以提出任何分钱的方法,而对方则没有任何拒绝的权利,再不公平也只能接受。在这种情况下研究发现,提议人给对方的钱数比例的平均值只在20%左右,他们把大部分的钱分给了自己!

在"义"和"利"面前如何表现可以考验一个人或公司的终极价值取向。是见利忘义还是见义勇为?在受到不公平待遇的时候是拼死抗争还是苟且妥协?如果妥协,妥协到什么时候会触及"是可忍,孰不可忍"的底线?

建立公平的社会需要多方面的努力,但是最重要的还是游戏规则的制定:当提议方和接受方权利相应对等的时候,公平社会最容易维持,个人的尊严最容易保持,正义和利益最可能一致,人的灵魂可能经历最少的挣扎,人与人之间的和谐最可能实现。

7.4.2 舞动智慧(鞭策自己,激励他人)

智慧,但这绝不等同于文凭的认证。没有必要去苛求应聘者须读过莎士比亚的作品,也没有必要责令他们能够解答出复杂的化学方程式和高深的物理学问题。智慧指的是要有一种强烈的求知渴望,要有宽广博大的知识面,能够在今天这个纷繁复杂的世界,与其他同样优秀的人一起工作、合作协进,甚至于领导他们。假如,有人借此要把智慧与学历完全等同起来,那就混淆视听了。当然,不可否认,应聘者的教育程度,在某种程度上体现了智慧方面的因素。

韦尔奇用"E"(Energize,使活跃)来诠释智慧,即懂得如何去激励别人行动起来。当然,只有这样的人,才能鼓舞自己的团队前进,承担起看似不能完成的任务。但是,激励别人并不是只会做慷慨激昂的演讲,而是需要有高度的智慧,对业务尤其要有精深的了解,并且还要掌握出色的说服技巧,创造能够唤醒他人一同前进的氛围。

7.4.3 坚守诚信(为人之本,为企之根)

看过电影《罗马假日》的观众,也许还记得那个美丽的公主被两个美国驻罗马记者带到那个著名的"真话之口"(Mouth Of Truth)——把手伸进面目严肃的智慧老人黑洞洞的口中的情节。意大利的传说是:如果某人撒过谎的话,他/她的手就会被咬断。在影片中,公主和记者都撒了谎,单纯的公主于是死活也不肯将自己的手放进去。但是,记者却大胆地把手伸了进去,然后假装被咬住,倒把公主真得吓住了。当她发现真相时,才知道自己上当了。他们于是大笑着离开。

我们都知道传说不是现实,所以,不管曾经因为种种原因撒过谎,也都敢于把自己的手放进去,然后照相留念。没想到轮到年仅七岁的小女孩时,她死活也不肯把手伸进去,更不要照相。后来我悄悄问她为什么,她红着脸不好意思地说她撒过谎。我这才明白,原来年幼如她者,心中也能作出道德好坏的判断。也只有心地纯洁如她者,才会真正相信传说中的神奇故事,才会将"真话之口"看成良心道德的真实鉴定者。当全民都不相信"真话之口"的作用时,也是全民丧失道德良知的时刻,当前在乳品、餐饮等行业暴露出来的问题其实只是冰山之一角而已。

一个人或企业做假不外乎三个原因:第一,为了满足自己的心理需求(虚荣心);第二,为了迎合社会的期望;第三,以为假话永远不会被揭穿。其实,一个人或企业通过做假的手段来迅速取得出人头地、鹤立鸡群的效果,需要具备的一个条件就是社会的绝大部分个体和企业都没有做假,只有这样,你的作假才容易蒙混过关。如果一个社会已经失去基本的诚信,那么当你把自己吹得天花乱坠的时候,别人一定不是佩服而是怀疑。同样的,当只有一个中国企业做假的时候,这个企业可能得到短期的好处,但是当其他企业看见这些好处也都开始了多多少少的做假时,整个中国企业的名声都会遭到破坏,连同那些没有造假的企业。

这时,我们就会看到,摧毁中国企业的力量不是全球化竞争的激烈,不是科技水平的限制,不是外部势力的别有用心,而是自己诚信的丧失。如果缺乏诚信的人还在中国的企业身居要职,那么不管他们的能力如何强大,迟早都将把企业引向毁灭。①

7.4.4 巧用情绪(高情商)

情绪——这个给人涂上强烈个性色彩的东西,在日常工作空间里却常常没有立足之地。"不要把情绪带到工作中来","不要闹情绪",是我们经常听见的劝说,好像情绪对人完全是一个多余的包袱,能甩就应该甩掉;又好像情绪是一个淘气的精灵,应该随时把它放在瓶子里收好,否则就会坏事。事实上,情绪是一个人与生俱来的财产,看得见,摸不着;它像一团空气一样跟着你,无法抛弃,更无法压抑。情绪是无声的语言,它所传达的信息容量常常超过语言本身,而且更丰富微妙,具有传染力。

情绪对个人工作和生活的重要性不言而喻。但是,如何利用情绪来提高工作和生活的质

---

① 陈晓萍:《简化人情》,北京大学出版社,2011。

量就需要一点思考了。一般来说，我们对正面情绪都比较看好，快乐、开心、温暖、幸福、喜气洋洋都是积极的情绪，常常体验这些情绪让人精神振奋，对工作充满热情，对未来充满希望。关于情绪的研究表明，积极的情绪确实对人各方面的态度和行为都有正面的影响，但也有一个例外，那就是当一个人处于积极情绪状态的时候，可能会不愿意去面对痛苦的情景，或伸出援助之手。心理学家曾经做过一个实验，先让两组被试者处于不同的情绪状态中，然后观察他们在路过一个在街上痛苦呻吟的陌生人的时候，是否会停下脚步过去关心问候一下。结果发现多数处于积极情绪状态中的被试者没有停下来，因为这些人不愿意自己的积极情绪被破坏了。

对于负面情绪，如悲伤、愤怒、受挫、羞愧等，我们一般的态度是应该压抑，或者隐藏起来不被别人看见，因为情绪的强大感染力，一个人的负面情绪很快会被大家捕捉并且感受到，这样会影响整个工作团队的气氛。情绪的传染性(emotional contagion)是近年来管理学研究中的热门课题，尤其是领导的情绪如何影响团队及下属的情绪、态度和行为，更是研究者关注的焦点。在中国文化的情境下，下属对领导情绪的关注程度非常高，"察言观色"、"看领导脸色行事"是家常便饭。不知不觉地，我们都会对领导的情绪作出诠释。因此，领导的一颦一笑甚至一个眼神有时对下属一天的日子难过与否都有举足轻重的影响。从这个意义上来说，领导对自我情绪的控制和调节对改变整个工作场所的氛围就起着巨大的作用。而一个优秀的领导，他所营造的情绪氛围应该是能够帮助他更有效实现组织目标的氛围，而不是任何他本人当时正在体验的情绪。如果整个团队的业绩岌岌可危，团队成员干活都心不在焉，那么如亚里士多德所言，领导通过表达愤怒的情绪来唤醒大家可能就是合适的了。

一个有深刻情绪体验的个体，一个对情绪有强烈自知的个体，一个能够主动调节和控制情绪的个体，是我们可以称之为有高情商的个体。对于领导而言，除了自己具有较高的情商之外，还需要具备控制调节他人情绪的能力。研究表明，调节情绪有两种途径，一种是更换观察问题的视角，看到情景中新的因素来调整对事件的认知，从而改变情绪；另一种是通过压抑情绪的方法来改变/蔑视情绪。两种方法在短期内都能起到一定的效果，但从长远来看，后一种方法对人的心理伤害相当厉害，常常会埋下日后心理变态的种子。

情绪的存在是人之所以为人的重要特征。笛卡儿曾经说："我思故我在。"我要把它改成："我有情绪故我在。"与自己的情绪经常沟通会让你发现你自己的特殊色彩，也让你发现别人的鲜明标记。众多的研究表明，情绪对人的记忆有相当的强化作用，伴有情绪色彩的记忆总是更丰富、更有细节，而且会让你回味无穷。拾回失落已久的情绪，也许可以让我们的工作和生活更加多彩。

7.4.5 突破自我

突破自我的本质就是超越自己，自己和自己比较，如何做得比现在的自己更好。人生的旅途本来就是起伏不定的，只要尽本分，把工作做好，不畏惧困难，不断超越自己，你就会获得成功，实现自己的职业成长。总的来说，突破自我主要有六组形态：目标突破、心态突破、人际突破、学习突破、执行突破和障碍突破。

附录1:个人价值观测试

以下共有16个项目。对每个项目按其对你的重要性进行打分(百分制),将分数填写在项目左边的空格处。

不重要		重要		非常重要
0 10 20 30	40	50 60 70	80	90 100

1. 满意、舒适的工作。
2. 高薪工作。
3. 美满的婚姻。
4. 结识新朋友和社交活动。
5. 参与社区活动。
6. 信仰。
7. 锻炼、体育活动。
8. 智力开发。
9. 有挑战的职业。
10. 名车、名牌服装、豪宅等。
11. 花时间和家人在一起。
12. 有几个亲密的朋友。
13. 为非营利性组织(如抗癌协会)做志愿者。
14. 冥想、安静思考的时间、祷告等。
15. 健康均衡的饮食。
16. 读书、自我提高计划。

把你的分数填到表1相应的地方,然后汇总。

表1 个人价值观测试

测评要素	问题序号及得分	问题序号及得分	汇总
职业	1.	9.	
财务	2.	10.	
家庭	3.	11.	
社会	4.	12.	
社区	5.	13.	
精神	6.	14.	
身体	7.	15.	
智力	8.	16.	

对应分数高的方面,就是你认为越有价值的方面。八个方面的分数越接近,说明你越全面、均衡。

对得分在前三位的项目，考虑一下你在其中投入的时间和努力，这些投入是否足够使你达到期望的水平？如果不能，你该如何去改变？是否觉得在有些方面应该得到更高的分数？如果是，是哪一方面？你怎样去改变？

资料来源：罗伯特·N.卢西尔，《组织中的人际关系：技能与应用（第6版）》，北京大学出版社，2010年。

附录2：职业价值观测试

下面有52道题，代表13项工作价值观，每题有5个被选答案（非常重要、比较重要、一般、不太重要、很不重要），请根据自己的实际情况或想法，选一个答案。非常重要记5分；比较重要记4分；一般记3分；不太重要记2分；很不重要记1分。

1. 你可以看见你努力工作的成果。
   A. 非常重要　　B. 比较重要　　C. 一般　　D. 不太重要　　E. 很不重要
2. 你的工作使你有可能经常变换工作地点、场所或方式。
   A. 非常重要　　B. 比较重要　　C. 一般　　D. 不太重要　　E. 很不重要
3. 你的工作有数量可观的夜班费、加班费、保健费或营养费。
   A. 非常重要　　B. 比较重要　　C. 一般　　D. 不太重要　　E. 很不重要
4. 在别人眼中，你的工作是很重要的。
   A. 非常重要　　B. 比较重要　　C. 一般　　D. 不太重要　　E. 很不重要
5. 你的工作需要敏锐的思考。
   A. 非常重要　　B. 比较重要　　C. 一般　　D. 不太重要　　E. 很不重要
6. 你在工作单位中，有可能经常变换工作。
   A. 非常重要　　B. 比较重要　　C. 一般　　D. 不太重要　　E. 很不重要
7. 你的工作比较轻松，精神上也不紧张。
   A. 非常重要　　B. 比较重要　　C. 一般　　D. 不太重要　　E. 很不重要
8. 你从事的那种工作，经常在报刊、电视中被提到，因而在人们的心目中很有地位。
   A. 非常重要　　B. 比较重要　　C. 一般　　D. 不太重要　　E. 很不重要
9. 工作具有艺术性。
   A. 非常重要　　B. 比较重要　　C. 一般　　D. 不太重要　　E. 很不重要
10. 只要你从事这份工作，就不再被调到其他意想不到的单位和工种上去。
    A. 非常重要　　B. 比较重要　　C. 一般　　D. 不太重要　　E. 很不重要
11. 同事和领导人品较好，相处比较随便。
    A. 非常重要　　B. 比较重要　　C. 一般　　D. 不太重要　　E. 很不重要
12. 在工作中你经常接触到新鲜的事物。

A．非常重要　　B．比较重要　　C．一般　　D．不太重要　　E．很不重要

13．在工作中,你可能做一个负责人,虽然可能只领导很少几个人,你信奉"宁做兵头,不做将尾"的俗语。

A．非常重要　　B．比较重要　　C．一般　　D．不太重要　　E．很不重要

14．在你的工作中,能和同事建立良好的关系。

A．非常重要　　B．比较重要　　C．一般　　D．不太重要　　E．很不重要

15．你的工作能使人感觉到你是团体中的一分子。

A．非常重要　　B．比较重要　　C．一般　　D．不太重要　　E．很不重要

16．你的作风使你被别人尊重。

A．非常重要　　B．比较重要　　C．一般　　D．不太重要　　E．很不重要

17．你的工作是一项对智力的挑战。

A．非常重要　　B．比较重要　　C．一般　　D．不太重要　　E．很不重要

18．在工作中不必担心会因为所做的事情领导不满意,而受到训斥或经济惩罚。

A．非常重要　　B．比较重要　　C．一般　　D．不太重要　　E．很不重要

19．在工作中,你为他人服务,使他人感到很满意,你自己也很高兴。

A．非常重要　　B．比较重要　　C．一般　　D．不太重要　　E．很不重要

20．由于你的工作,经常有许多人来感谢你。

A．非常重要　　B．比较重要　　C．一般　　D．不太重要　　E．很不重要

21．在工作中,你能试行一些自己的新想法。

A．非常重要　　B．比较重要　　C．一般　　D．不太重要　　E．很不重要

22．工作能使你的同学、朋友非常羡慕你。

A．非常重要　　B．比较重要　　C．一般　　D．不太重要　　E．很不重要

23．你的工作上下班时间比较随便、自由。

A．非常重要　　B．比较重要　　C．一般　　D．不太重要　　E．很不重要

24．只要努力,你的工资会高于其他同年龄的人,晋升或长工资的可能性比从事其他工作大得多。

A．非常重要　　B．比较重要　　C．一般　　D．不太重要　　E．很不重要

25．你的工作需要同影视、戏剧、音乐、美术、文学等艺术打交道。

A．非常重要　　B．比较重要　　C．一般　　D．不太重要　　E．很不重要

26．你的工作可以使你获得较多的额外收入,比如:常发实物、常购买打折扣的商品、常发商品的提货券、有机会购买进口商品等。

A．非常重要　　B．比较重要　　C．一般　　D．不太重要　　E．很不重要

27．你能在你的工作范围内自由发挥。

A．非常重要　　B．比较重要　　C．一般　　D．不太重要　　E．很不重要

28．你的工作结果应该是一种艺术而不是一般的产品。

A. 非常重要　　B. 比较重要　　C. 一般　　D. 不太重要　　E. 很不重要

29. 你的工作经常要外出、参加各种集会和活动。
A. 非常重要　　B. 比较重要　　C. 一般　　D. 不太重要　　E. 很不重要

30. 在工作中常常要你提出许多新的想法。
A. 非常重要　　B. 比较重要　　C. 一般　　D. 不太重要　　E. 很不重要

31. 你的工作场所很好，比如有适度的灯光，安静、清洁的工作环境，甚至恒温、恒湿等优越的条件。
A. 非常重要　　B. 比较重要　　C. 一般　　D. 不太重要　　E. 很不重要

32. 在工作中你能接触到各种不同的人。
A. 非常重要　　B. 比较重要　　C. 一般　　D. 不太重要　　E. 很不重要

33. 你的工作需要计划和组织别人的工作。
A. 非常重要　　B. 比较重要　　C. 一般　　D. 不太重要　　E. 很不重要

34. 你的工作单位有舒适的休息室、更衣室、浴室及其他设备。
A. 非常重要　　B. 比较重要　　C. 一般　　D. 不太重要　　E. 很不重要

35. 你的工作能为社会福利带来看得见的效果。
A. 非常重要　　B. 比较重要　　C. 一般　　D. 不太重要　　E. 很不重要

36. 你的工作要求你把一些事物管理得井井有条。
A. 非常重要　　B. 比较重要　　C. 一般　　D. 不太重要　　E. 很不重要

37. 在工作中你不会因为身体或能力等因素，被人轻视。
A. 非常重要　　B. 比较重要　　C. 一般　　D. 不太重要　　E. 很不重要

38. 你的工作使你不断享受获得成功的感觉。
A. 非常重要　　B. 比较重要　　C. 一般　　D. 不太重要　　E. 很不重要

39. 你的工作能使世界更美丽。
A. 非常重要　　B. 比较重要　　C. 一般　　D. 不太重要　　E. 很不重要

40. 你的工作赋予你高于别人的权力。
A. 非常重要　　B. 比较重要　　C. 一般　　D. 不太重要　　E. 很不重要

41. 在你的工作中，不会有人常来打扰你。
A. 非常重要　　B. 比较重要　　C. 一般　　D. 不太重要　　E. 很不重要

42. 你的工作有可能结识各行各业的知名人物。
A. 非常重要　　B. 比较重要　　C. 一般　　D. 不太重要　　E. 很不重要

43. 在工作中你是不受别人差遣的。
A. 非常重要　　B. 比较重要　　C. 一般　　D. 不太重要　　E. 很不重要

44. 你的工作成果常常能得到上级、同事或社会的肯定。
A. 非常重要　　B. 比较重要　　C. 一般　　D. 不太重要　　E. 很不重要

45. 你的工作使你能常常帮助别人。

A. 非常重要　　B. 比较重要　　C. 一般　　D. 不太重要　　E. 很不重要

46. 你的工作会使许多人认识你。

A. 非常重要　　B. 比较重要　　C. 一般　　D. 不太重要　　E. 很不重要

47. 你能从工作的成果中,知道自己做得不错。

A. 非常重要　　B. 比较重要　　C. 一般　　D. 不太重要　　E. 很不重要

48. 你的工作必须经常解决新的问题。

A. 非常重要　　B. 比较重要　　C. 一般　　D. 不太重要　　E. 很不重要

49. 你的工作内容经常变换。

A. 非常重要　　B. 比较重要　　C. 一般　　D. 不太重要　　E. 很不重要

50. 你的工作奖金很高。

A. 非常重要　　B. 比较重要　　C. 一般　　D. 不太重要　　E. 很不重要

51. 不论你怎么干,你总能和大多数人一样晋升和长工资。

A. 非常重要　　B. 比较重要　　C. 一般　　D. 不太重要　　E. 很不重要

52. 在你的工作中能和领导有融洽的关系。

A. 非常重要　　B. 比较重要　　C. 一般　　D. 不太重要　　E. 很不重要

(1) 利他主义。说明:工作目的和价值在于直接为大众的幸福和利益尽一份力。题号:2、30、36、46,汇总得分_____

(2) 美感。说明:工作的目的和价值在于能不断地追求美的东西,得到美的享受。题号:7、20、41、52,汇总得分_____

(3) 智力刺激。说明:工作的目的和价值在于不断进行智力的操作、动脑思考、学习以及探索新事物、解决新问题。题号:1、23、38、45,汇总得分_____

(4) 成就感。说明:工作的目的和价值在于不断创新、不断取得成就、不断得到领导与同事的赞扬或不断实现自己想要做的事。题号:13、17、44、47,汇总得分_____

(5) 独立性。说明:工作的目的和价值在于能充分发挥自己的独立性和主动性。按自己的方式、步调或想法去做,不受他人的干扰。题号:5、15、21、40,汇总得分_____

(6) 社会地位。说明:工作的目的和价值在于所从事的工作在人们心目中有较高的社会地位,从而使自己得到他人的重视与尊重。题号:6、23、32、49,汇总得分_____

(7) 管理。说明:工作的目的和价值在于获得对他人或某事物的管理支配权,能指挥或调遣一定范围内的人或事。题号:14、24、37、48,汇总得分_____

(8) 经济报酬。说明:工作的目的和价值在于获得优厚的报酬,使自己有足够的财力去获得自己想要的东西,使生活过得较为富足。题号:3、22、39、50,汇总得分_____

(9) 社会交际。说明:工作的目的和价值在于能和各种人交往,建立比较广泛的社会联系和关系,甚至能和知名人物结识。题号:11、18、26、34,汇总得分_____

(10) 安全感。说明:不管自己能力怎样,希望在工作中有一个安稳的局面,不会因为奖金、加工资、调动工作或领导训斥等经常提心吊胆、心烦意乱。题号:9、16、19、42,汇总得分

（11）舒适。说明：希望能将工作作为一种消遣、休息或享受的形式，追求比较舒适、轻松、自由、优越的工作条件和环境。题号：12、25、35、51，汇总得分_____

（12）人际关系。说明：希望一起工作的大多数同事和领导人品较好，相处在一起感到愉快、自然，认为这会是一种极大的满足。题号：8、27、33、43，汇总得分_____

（13）变异性。说明：希望工作的内容经常变换，使工作和生活显得丰富多彩，不单调枯燥。题号：4、10、29、31，汇总得分_____

从得分最高和最低的三项中，可以大致看出你的价值观的倾向，在选择职业时就可以加以考虑。

资料来源：http://types.yuzeli.com/survey/careervalues/。

附录3：成功突破口的测试

测试说明：

每个人都希望得到老板的器重，成为他身边的"红人"，这样的人往往比其他人更能得到晋升的机会。美国卡内基梅隆大学教授凯利研究了来自全美顶尖企业的200位明星员工的工作行为模式后发现，红人并非天生好手，而是经过反复操练培养他们的一些特质，使他们从普通员工变成明星员工的。

你到底是主角，还是配角？你是名不见经传的草根，还是万人向往的成功人士？如果你现在不成功，那么，到底是什么因素阻碍了你的成长？成功突破口的测试会帮助你找到答案！

测试须知：

1. 每题只有一个选择，请选择最适合你的那一项。

2. 请根据您在日常生活中的真实表现进行回答，而不是你从理论上认为的正确表现。

3. 请按第一印象最快选择，如果不能确定，可回忆童年时的情况，或者以你最熟悉的人对你的评价来从中选择。

4. 本项测试共有36题，2分钟内即可完成。测试时，请务必保持心情平静，准确作答，不要受外在环境和其他人的影响。

在线测评地址： http://www.career001.com/test/careertest.html。

如果你想自己进行手动测评，可以按照以下方法进行。

评分标准：很符合—5分，比较符合—4分，不太确定—3分，偶尔符合—2分，不符合—1分。

A组：

1. 现在的工作使我很充实，而不是一上班就提不起精神。
   □很符合　　□比较符合　　□不太确定　　□偶尔符合　　□不符合

2. 我有明确的人生价值追求，知道想成为什么样的人。
□很符合　□比较符合　□不太确定　□偶尔符合　□不符合

3. 我能够想象到自己5年以后的成功样子。
□很符合　□比较符合　□不太确定　□偶尔符合　□不符合

4. 我清楚地知道自己喜欢什么，不喜欢什么。
□很符合　□比较符合　□不太确定　□偶尔符合　□不符合

5. 我很清楚地知道自己的性格类型适合干什么，不适合干什么。
□很符合　□比较符合　□不太确定　□偶尔符合　□不符合

6. 现在的工作能够发挥我的优势，我愿意继续干下去。
□很符合　□比较符合　□不太确定　□偶尔符合　□不符合

B组：

7. 我能够脚踏实地，踏实行动，并不指望在短期内迅速成功。
□很符合　□比较符合　□不太确定　□偶尔符合　□不符合

8. 遇到问题，我从来不抱怨、不找借口，而是积极地解决问题。
□很符合　□比较符合　□不太确定　□偶尔符合　□不符合

9. 我很自信，从来没有怀疑过自己的能力，只是现在时机未到。
□很符合　□比较符合　□不太确定　□偶尔符合　□不符合

10. 遇到问题，我总能积极面对，而不是用消极的眼光，只看到最坏的一面。
□很符合　□比较符合　□不太确定　□偶尔符合　□不符合

11. 我愿意听取别人的建议，而不是坚持"有些事情总要亲自经历了才知道"。
□很符合　□比较符合　□不太确定　□偶尔符合　□不符合

12. 我习惯于从长远角度看问题，以避免问题出现时手忙脚乱，无法应付。
□很符合　□比较符合　□不太确定　□偶尔符合　□不符合

C组：

13. 我习惯于称赞别人，而不是批评别人。
□很符合　□比较符合　□不太确定　□偶尔符合　□不符合

14. 我总能够发现别人身上的优点，并向其学习。
□很符合　□比较符合　□不太确定　□偶尔符合　□不符合

15. 我在公司的人缘很好，工作中能够和不同性格的同事都合得来。
□很符合　□比较符合　□不太确定　□偶尔符合　□不符合

16. 我知道自己的上司喜欢什么，对他/她很了解。
□很符合　□比较符合　□不太确定　□偶尔符合　□不符合

17. 我在细节上做得很到位，上司对我很信任。
□很符合　□比较符合　□不太确定　□偶尔符合　□不符合

18. 我在公司里有一个最要好的朋友。

□很符合　　□比较符合　　□不太确定　　□偶尔符合　　□不符合

D 组：

19．我为自己制订了学习计划，并且每天都在坚持。
□很符合　　□比较符合　　□不太确定　　□偶尔符合　　□不符合

20．我清楚地知道自己的不足，并且如何弥补这些不足。
□很符合　　□比较符合　　□不太确定　　□偶尔符合　　□不符合

21．相比三个月前，我感觉自己在专业知识上有了明显的进步。
□很符合　　□比较符合　　□不太确定　　□偶尔符合　　□不符合

22．即使公司没有培训，我也会想尽办法提升自己。
□很符合　　□比较符合　　□不太确定　　□偶尔符合　　□不符合

23．没有频繁跳槽，在某一方面积累了能够拿得出手的能力。
□很符合　　□比较符合　　□不太确定　　□偶尔符合　　□不符合

24．我经常购买书籍、杂志或登录专业网站，学习自己所需的专业技能。
□很符合　　□比较符合　　□不太确定　　□偶尔符合　　□不符合

E 组：

25．一旦有了想法，我会很快投入行动，不会思前想后，犹豫不决。
□很符合　　□比较符合　　□不太确定　　□偶尔符合　　□不符合

26．手头的事情会尽快处理完，而不是抱着"以后再说吧"的想法。
□很符合　　□比较符合　　□不太确定　　□偶尔符合　　□不符合

27．我认为有目标才会活得踏实，很反对"计划赶不上变化"。
□很符合　　□比较符合　　□不太确定　　□偶尔符合　　□不符合

28．我认为过程很最重要，不管是什么结果，努力总比逃避好。
□很符合　　□比较符合　　□不太确定　　□偶尔符合　　□不符合

29．我有耐心和毅力，即使遇到困难，也不会轻易放弃。
□很符合　　□比较符合　　□不太确定　　□偶尔符合　　□不符合

30．我通常会努力争取机会，而不是坐等机会上门，或怨天尤人。
□很符合　　□比较符合　　□不太确定　　□偶尔符合　　□不符合

F 组：

31．我的岗位在公司里属于核心职位，领导非常重视。
□很符合　　□比较符合　　□不太确定　　□偶尔符合　　□不符合

32．我的上司很优秀，对员工的成长很关心。
□很符合　　□比较符合　　□不太确定　　□偶尔符合　　□不符合

33．我能够妥善处理与上司的关系，没有引起他的不满。
□很符合　　□比较符合　　□不太确定　　□偶尔符合　　□不符合

34．在过去的一周里，我因工作出色而受到表扬。

☐很符合　　☐比较符合　　☐不太确定　　☐偶尔符合　　☐不符合

35. 公司的整体氛围积极向上,有能力的人会得到重用。

☐很符合　　☐比较符合　　☐不太确定　　☐偶尔符合　　☐不符合

36. 目前所在公司比较有发展前途,我能够在这里获得足够的成长空间。

☐很符合　　☐比较符合　　☐不太确定　　☐偶尔符合　　☐不符合

做好了？OK！现在,请分别统计上述六组得分,并将其分数计在下面:

A组:_____分

B组:_____分

C组:_____分

D组:_____分

E组:_____分

F组:_____分

评分结果说明:

如果所有组别得分均大于22分,那么,恭喜你！你的职场发展整体较为顺利,离成功已经不远了,请继续保持努力,贵在坚持！

如果你某一组的得分低于或等于22分,那么,相应的字母组合就是你的成功突破模式。比如,如果你只有A组得分在22分以下,说明你的成功突破模式为A型;如果你A、C、E三级的得分均在22分以下,说明你的救赎突破模式为ACE型。以此类推。

A组:目标突破

我想做什么？我到底想成为什么样的人？我想过一种什么样的生活？正是这种不断思考的目标远景,才是驱使我们不断前进的最原始动力。目标的丧失,导致追求的丧失;追求的丧失,又使得我们没有前进的动力;而成天徒步不前的生活,使得我们的心态逐渐失衡;没有一个良好的心态,又会进一步导致我们的事业失败。同时,目标的丧失,也意味着你无法围绕一个核心去构建自己的知识体系,打造自己的核心竞争力;而核心竞争力的丧失,又是事业失败的开始。基于你内心的追求而建立起来的长远职业发展目标,对于一个人的事业成败,起着至关重要的决定性影响。

目标突破所面临的是职业目标缺失的问题,这是影响职业发展突破的最重要和最关键的一环。每个人都应该及早确立适合自己的职业发展目标,并在此方向上长期坚持。

B组:心态突破

每个人终其一生。总要遇到各种问题、烦恼、矛盾和困难,挫折和失败不可避免。面对人生的困局和障碍,不同的人会采取不同的心态,从而也就导致两种有天壤之别的人生结局:成功的人生和失败的人生。成功者始终保持积极的心态,能在狂风暴雨中看到美丽的彩虹,在一败涂地中看到美好的未来,不断调整自我,奋发进取,最终登上成功的巅峰;失败者则持一种消极悲观的心态,心灵笼罩着阴霾,限制了自身潜能的发挥,人生最终走向灰暗的境地。

拿破仑·希尔曾经说过,"人与人之间没有太大区别,只有积极的心态与消极的心态这一细微区别,但正是这一点点区别决定了20年后两个人生活的巨大差异"。

一个乐观、积极、向上的心态可以促使事业不断前进。

C组:人际突破

20世纪最伟大的成功学大师、美国现代成人教育之父戴尔·卡耐基曾经说过这样一句话,"一个人事业上的成功,只有15%是由于他的专业技术,另外的85%要依靠人际关系、处世技巧。软与硬是相对而言的。专业的技术是硬本领,善于处理人际关系的交际本领则是软本领"。

在中国,我们也一贯倡导"要做事,先做人"的古训。良好的人际关系,不仅会让你得到客户、同事的认可,更会得到老板的信任,让你比别人在职场上获得更多的发展机会。如果不会做人,人人都不愿意与你合作共事,那么,你就失去了在职场上生存的基础。

人际突破就是合理处理人际关系方面的问题,以便为职场发展奠定"人和"的基础。

D组:学习突破

知识的更新速度不断加快,只有不断地学习,才能跟得上社会的发展。同时,也只有不断地学习,才有可能提高个人自身的业务能力和解决问题的能力。特别是解决问题的能力,正是优秀的员工所必需的专业技能。因为,每个人在职场上都有自己的位置,都要承担相应的责任,解决相应的问题。不可能所有的问题都由老板去解决,否则,下属的价值又从何体现呢?《职场救赎——写给迷茫中的草根族》一书中有这样一句话,"让老板做选择题,不要让老板做问答题",原因即在此。只有解决问题的能力得到提升,才有可能得到老板的赏识和信赖。很多人在职场上从来没有学习的意识,靠着自己的一点"老本儿",硬着头皮撑下去。殊不知,一旦这点儿资本耗尽,就会面临"少壮不努力,老大徒伤悲"的尴尬境地。学习能力是成长的根系,可以让我们不断地吸收养分,维持自己的成长。

要想成为一个合格的职业人,必须认清自己的不足,不断成长,积累自己适应社会的资本,学习突破是关键。

E组:执行突破

你还在抱着"这些道理都懂,但真正做到的又能有几个"的想法吗?你要知道,当你在这样抱怨的时候,那些成功者已经先知先觉,开始积极行动了。

成功路上最大的障碍,其实就是你自己!很多困难其实并不存在,只是你自己"设想"出来的,并严重阻碍着你前行的脚步。如果你没有前瞻意识,只顾眼前,从来不考虑未来;或者只是停留在"想一想"的层面上,而从来没有真正行动过,那么,你将永远打法打败这个对手!你现在的失败状态,仍将持续!成功,将永远会与你无缘!

前进的理由只要一个,后退的理由却要一百个。许多人整天找一百个理由证明他不是懦夫,却从不用一个理由证明他是勇士!现在,是提升自己执行力的时候了。

F组:障碍突破

你还在认为有能力就能走遍天下吗?不尽然!我们一直认为"做对事,跟对人"是非常重要的职场生存法则。尤其是"跟对人",这会让你在职场上少走很多弯路。相反,如果遇到一个不适合自己的上司和公司,那么,你失败的几率就会大大提高。

有些上司,属于典型的"人才杀手",会让你在职场上迅速夭折;有些公司,你是属于"龙套"的角色,即使再怎么努力工作,也不见得会获得很好的发展空间。这些因素,与你的能力无关,但又的的确确对你的职业发展产生非常重要的影响,要想获得职业成长与成功,必须突破这些障碍。

资料来源:第一职场网,http://www.career001.com/。

参考文献

1. 姚本先、王道阳：《大学生生涯辅导概论》[M]，安徽人民出版社，2005。
2. 蒋建荣、詹启生：《大学生生涯规划导论》[M]，南开大学出版社，2005。
3. 赵红灿、张红卫：《大学生生涯辅导体系构建研究》[J]，《山西高等学校社会科学学报》，2008（05）。
4. 叶晓燕：《大学生生涯辅导的理论与方法的研究》[D]，东华大学，2006。
5. 熊茂芳：《大学生生涯辅导的内涵与思考》[J]，《文教资料》，2007（10）。
6. 吴成国、谢华：《关于构建大学生生涯辅导模式的思考》[J]，《教育与职业》，2008（11）。
7. 刘勇：《大学生生涯辅导本土化研究》[J]，《黑龙江教育（高等研究与评估）》，2008（09）。
8. 孙震瀚：《国外职业指导》[M]，浙江教育出版社，1991。
9. 刘旭、张海亮：《浅谈大学生学业生涯规划》[J]，《科技信息》，2008（29）。
10. 王训兵、李晓波、王飞：《大学生学业生涯规划现状及对策》[J]，《教育与职业》，2012（05）。
11. 糜志雄：《大学生学业生涯设计因素结构探究》[J]，《唯实》，2007（05）。
12. 王大磊、郭晓娜：《国外大学生的生涯辅导及其启示》[J]，《北京教育（高教版）》，2006（06）。
13. 王胜男、姜子云：《团体辅导对大学生职业生涯确定水平的干预研究》[J]，《中国科技信息》，2009（12）。
14. 张泽强、陈伟：《论网络环境下大学生职业生涯辅导体系构建及实施》[J]，《经济研究导刊》，2010（03）。
15. 师燕妮、邵贵文、孟庆涛：《目标路径理论下的大学生学业生涯规划探究》[J]，《科技信息》，2008（36）。
16. 刘良志：《论大学生素质拓展及实现方式》[J]，《知识经济》，2009（01）。
17. 陈佳瑶、葛利云：《浅谈大学新生进行素质拓展训练的必要性》[J]，《考试周刊》，2012（14）。
18. 毛振明、王长权：《学校心理拓展训练》[M]，北京体育大学出版社，2004。
19. 彭艳、张建省、耿丽敏：《大学生素质拓展体系构建探析》[J]，《经济研究导刊》，2010（19）。
20. 刘宣文：《学校发展性辅导》[M]，人民教育出版社，2004。
21. 杨美玲、华丽、李爱华：《大学生课余生活调查分析与对策》[J]，《黄河科技大学学报》，2009（01）。
22. 李赫：《大学生如何过好四年》[M]，河南人民出版社，2003。
23. 李舸民、王英培、孙宁宁：《高校图书馆与大学生信息素养教育研究》[J]，《现代情报》，2008（12）。
24. 董文强、谭初春：《大学生就业指导》[M]，西北工业大学出版社，2004。
25. 王维：《硕士研究生兼职的生涯意义》[D]，华东师范大学，2009。

26. 韩光耀：《中国大学生非常兼职纪实》[M]，中国画报出版社，2005。
27. 刘俊彦：《大学生职业生涯设计》[M]，中国言实出版社，2004。
28. 雷建鹏、蓝燕飞：《大学生职业认知教育中存在的问题与对策研究》[J]，《出国与就业》，2012(03)。
29. 钟一彪：《大学生就业素质与就业能力培养研究》[J]，《中国青年研究》，2006(12)。
30. 郎全发：《当代大学生应具备的基本素质》[J]，《中国科技信息》，2005(19)。
31. 王成宝：《大学生职业生涯规划中的自我认知因素探析》[J]，《人才资源开发》，2009(06)。
32. Robert D. Lock：《把握你的职业发展方向》[M]，钟谷兰、曾垂凯、时勘译，中国轻工业出版社，2006。
33. 卢荣远：《职业心理与职业指导》[M]，人民教育出版社，1996。
34. 肖建中：《职业规划与就业指导》[M]，北京大学出版社，2006。
35. 徐娅玮：《职业生涯管理》[M]，海天出版社，2002。
36. 张国华、线联平：《大学生就业指导理论与实践》[M]，中国财政经济出版社，2004。
37. 吴薇：《就业指导》[M]，华东师范大学出版社，2005。
38. 陈核来：《大学毕业生就业指南》[M]国防科技大学出版社，2003。
39. 胡解旺：《大学生就业报告》[M]，中央编译出版社，2004。
40. 李伟：《新世纪大学生就业指导》[M]，西安交通大学出版社，2002。
41. 黄才华：《大学生就业与创业指导》[M]，教育科学出版社，2005。
42. 姚俊平：《中小企业的作用与现状》[J]，《中小企业管理与科技》(下旬刊)，2008(06)。
43. 钟发亮：《大学生创业教育的实施》[J]，《教育评论》，2004(05)。
44. 陆文利、李晨：《论高校大学生创业精神的培养》[J]，《人力资源管理》，2010(06)。
45. 崔万珍：《大学生创业支持系统的构建研究》[J]，《中国大学生就业》，2007(15)。
46. 李洁：《从美国四所著名大学的创业教育谈创业与创业教育的关系》[J]，《中国青年科技》，2005(04)。
47. 迈克尔·波特：《竞争优势》[M]，陈小悦译，华夏出版社，1997。
48. 魏炜、朱武祥：《商业模式的经济解释：深度解构商业模式密码》[M]，机械工业出版社，2012。
49. 陈愚、杨秀苔：《基于创业投资的企业融资模型研究》[J]，《商业研究》，2003(15)。
50. 赵海：《创业环境与社会发展》[J]，《理论导刊》，2003(12)。
51. 真柏：《赢得创业资金的六种方式》[N]，《亚太经济时报》，2003年5月31日。
52. 曹经辉、彭作钢：《创业投资》[M]，中国城市出版社，1999。
53. 贾丹、张衡：《创业团队异质性对企业绩效的影响》[J]，《人才开发》，2008(08)。
54. 孟剑敏：《人力资源异质性与企业绩效关系研究》[J]，《产业与科技论坛》，2010(04)。
55. 曹润林：《促进大学生创业的政策供给研究》[J]，《中南财经政法大学研究生学报》，2010(01)。
56. 黄山杉：《浅谈大学生心理健康教育的科学发展之路》[J]，《中国科技信息》，2010(07)。
57. 贾水峰：《大学生人际关系问题分析》[J]，《中国科教创新导刊》，2007(08)。
58. 刘东艳：《大学生人际交往中的心理问题研究及对策》[J]，《中国集体经济》(下旬刊)，2007(07)。
59. 王彬：《关于大学生心理健康教育的思考》[N]，《吉林日报》，2010年9月6日。
60. 林崇德：《心理学大辞典》[M]，上海教育出版社，2003。
61. 王水珍：《高校心理健康教育工作步入规范》[N]，《中国社会科学报》，2011年4月19日。
62. 程娟：《新形势下大学生心理问题分析与对策》[J]，《才智》，2011(02)。

63. 彭聃龄:《普通心理学》[M],北京师范大学出版社,1988。

64. 朱智贤:《心理学大辞典》[M],北京师范大学出版社,1989。

65. 路涛、李敏:《我国认知情绪调节方式的研究概述》[J],《辽宁教育行政学院学报》,2008(11)。

66. 黄希庭、郑涌:《当代中国青年价值观研究》[M],人民教育出版社,2005。

67. 凌文辁、方俐洛、白利刚:《我国大学生的职业价值观研究》[J],《心理学报》,1999(03)。

68. 郑洁、阎力:《职业价值观研究综述》[J],《中国人力资源开发》,2005(11)。

69. 张再生:《职业生涯规划》[M],天津大学出版社,2012。

70. 阴国恩、戴斌荣、金东贤:《大学生职业选择和职业价值观的调查研究》[J],《心理发展与教育》,2000(04)。

71. 耶胡迪·巴鲁:《职业生涯管理教程》[M],陈涛、孙涛译,经济管理出版社,2005。

72. 魏金明、陈沙麦:《对大学生职业价值观的现状分析及引导措施》[J],《福建农业大学学报》,2001(03)。

73. 陈晓萍:《简化人情》,北京大学出版社,2011。

后 记

2012年6月9日,山东财经大学由原山东经济学院和山东财政学院合并组建而成。山东财经大学的成立是学校建设和发展的新起点和新契机,作为山东省内历史最悠久、规模最大、学科体系最完备、科研师资力量最强的高等财经院校,我们一直在思考这样的问题:新的山东财经大学将培养什么样的大学生?作为人力资源管理专业的教师,我们应该为此做些什么?

2012年4—6月,新合并组建的工商管理学院人力资源管理教研室全体教师历经三次大规模讨论,重新修订了人力资源管理专业本科培养计划方案,确立了"以德育为先,以能力为重,以素质为本,培养适应现代经济和社会发展需要,具有深厚经济和管理理论基础,系统掌握管理技能与方法,具备国际化视野、创新能力与思辨精神,能够胜任企业、事业单位以及国家政府机关的人力资源管理相关工作的中高级专业管理人才"的培养目标。通过创立具有社会影响力的人力资源管理人才培养品牌,努力建设集本科生、硕士研究生和博士研究生于一体的重点学科和知名品牌。

但是,我们学生的现状如何?他们能否通过现有的课程学习达到我们设定的目标?能否在大学四年有计划地去设计自己的学习目标,有步骤地去实施自己的职业计划,有能力去实现自己的职业梦想?通过调查和了解,我们发现从高中阶段刚刚过渡到大学阶段的大学生们进入了一个"离开父母、人际多元、盲信盲从"的阶段,没有人针对他们的处境进行有目的、有方向、有计划的全程辅导,他们对于"如何度过大学四年"还停留在迷茫、彷徨、探索之中;有的毕业生在总结自己的大学四年时,用"大一迷茫,大二彷徨,大三繁忙,大四悲伤"来描述。我们有理由相信如果能让每位毕业生再上一次大学,他一定会比现在做得更好;如果能让每位毕业生早一点知道本该知道的"不知道",他一定会少一些"成长中的烦恼",就不会任由大好光阴悄悄地流逝。

正因为如此,我们在新修订的本科培养方案中创新性地增加了"大学生生涯辅导"实践课,我们将在大学四年中组织专业教师全程开展生涯辅导课程,有计划、有步骤、有效率地引导大学生正确地确立学习目标、职业目标,并逐步实现。大学生生涯辅导教学体系共分为学业生涯辅导、职业生涯辅导和职场实战辅导三个阶段,在专业辅导阶段确认的本科生生涯辅导导师可以贯穿从大学生入学直至毕业的全过程,将生涯辅导的各个阶段和环节相互贯通,有机联系,构建起一个相对完整的生涯辅导体系,体现出生涯辅导教学体系的目标性、阶段性与全程性。

为了保证大学生生涯辅导课的教学效果,我们在省级、校级共同立项的教学研究重点课题"大学生生涯辅导教学体系的构建与应用"的基础上,2012 年 7 月 6 日,组织工商管理学院人力资源管理教研室全体授课教师参加素质拓展训练,交流体验式教学体会,进行了首次师资培训,并部署了暑假个人备课计划;8 月 23 日、28 日,课题组组织部分教师召开了两次集体备课课前协调会,确定了教学框架、教学模块以及负责人;8 月 29 日,组织全体教师进行了封闭性集体备课,通过集体讨论和分组备课,各个模块负责人会同该教学模块的老师形成备课手册初稿,制作了 PPT,明确了课程主讲人;9 月 6 日,各个项目负责人汇报各模块的完成情况,集体讨论,提出了进一步的修改意见,明确了开学后开课的各项准备工作;9 月 13 日,面向校教务处、本科督导组专家和工商管理学院全体教师展示了"大学生生涯辅导"实践课的集体备课成果,备受领导、专家和老师的肯定和好评。

本书所包含的内容是第一阶段的工作,即大学生学业生涯辅导。学业生涯辅导就是大学生根据自身情况,结合现有的条件和制约因素,为自己确立整个大学期间的学业目标,并为实现学业目标而确定行动方向、行动时间和行动方案的过程。学业生涯辅导的内容主要包括专业教育、素质拓展、大学生活辅导、职业感知辅导、心理与价值观辅导、自我认知以及辅导效果的评估等。从 9 月 26 日的专业教育开始,到 11 月 6 日的名家论坛结束,历时一个半月,所有活动全部安排周末上课。

9 月 26 号下午 5—7 时,工商管理学院人力资源管理教研室在明水校区 1219 阶梯教室举办了"2012 级新生专业教育"活动。人力资源管理专业组织了 16 名老师做了一场精彩的专业介绍和专题演讲,并对本科生导师试点工作做了具体介绍,并告诉同学们选择导师要明确适合的才是最好的,应从三个方面思考:你的理想是什么?你想跟导师学什么?你将来能干什么?最后在场的每一位老师都展现了自己的学习背景、专业研究方向以及兴趣爱好,并对同学们的四年大学生活提出了寄语和期望。(详见校园网新闻:工商管理学院新生专业教育活动独具特色,http://pub.sdufe.edu.cn/news/view.php?id=4781)

10 月 10 日—11 月 10 日,"我的大学生活"首先开课,"心理与价值观辅导""职业感知"顺势平行展开,开设两个班(约 100 人)以讲座形式授课。素质拓展从 11 月 13 日开始,院方聘请了山东省团省委素质拓展基地的专职教练进行指导,拓展通过教师辅导的形式展开,分队进行,每队不超过 20 人。(详见校园网新闻:工商管理学院新生接受素质拓展训练,http://pub.sdufe.edu.cn/news/view.php?id=4848)。从各项活动的开展效果来看,我们惊喜地发现了参与学生所发生的巨大转变——从最初抱着厌烦和抵触的情绪来参加周末课程,到融入训练活动后忘我的表现,直至即将结束时依依不舍追问带队教师下次培训的时间;也高兴地从个人总结中看到,同学们清晰地找到了大学生活的目标和未来人生的方向,深刻地感悟到了终身受用的人生哲理,以及全体参加同学所表现出来的崭新的精神面貌。

11月16日上午,工商管理学院组织开展"大学生生涯辅导"课程研讨会,邀请了清华大学经济管理学院人力资源与组织行为系钱小军教授,山东美誉文化发展有限公司董事长葛青华博士,济南市国有资产投资有限公司董事、副总经理、党委委员李永刚博士。本校教务处刘正林处长、王长胜副处长、研究生部李琪副主任,工商学院刘军、杜岩、杨明海、梁阜、葛培波、孙立莉、窦大海、王景珉参加。刘正林处长总结发言,提出了大学人才培养的核心就是课程与教学,他认为该课程的开展非常有意义,不仅对学生产生积极的影响,更对学校教学产生深远的影响;学校培养大学生的出发点应该更长远,不仅仅是找个好工作,而是十年、二十年乃至更长时间的真正成长与发展。大学应该给学生什么?应该让学生感受到将来无论做什么,不去体验就难以真正成长起来。工商管理学院的人力资源管理老师主动去思考这个问题,体现了可贵的职业道德;牺牲个人的休息时间去辅导学生,体现了责任心和奉献精神。刘处长对工商管理学院的人力资源管理老师主动参与课程创新给予了高度评价,鼓励老师多围绕学生的培养来做事。(详见校园网新闻:工商管理学院举办"大学生生涯辅导"课程研讨会,http://pub.sdufe.edu.cn/news/view.php?id=5283;《山东财经大学报》44期第2版"工商管理学院召开大学生生涯辅导课程研讨会",http://sdufe.cuepa.cn/index.php?paper_id=130513&release_id=35632。)

11月16日晚上,工商管理学院2012大学生生涯辅导大型论坛活动——"起点@起航——我的大学"在明水校区体育馆隆重举行,出席嘉宾有钱小军教授、葛青华博士和李永刚博士。论坛由团中央青年创业国际计划山东导师委员会副主席、中央电视台"赢在中国"创业比赛全国亚军(2007)、工商管理学院教师窦大海博士主持。本次论坛是为了巩固同学们的学习、体验和分享辅导成果,论坛邀请了来自著名学府、政府和企业界的嘉宾,与各位同学共同交流、分享他们的学习经历和人生智慧,并以此为我们的大学生生涯辅导课画上一个圆满的句号。来自驻济新闻媒体的大众日报、齐鲁电视台、山东教育台、济南教育台、齐鲁晚报、济南时报、舜网的媒体记者对本次论坛活动进行了现场报道。(舜网新闻:山东财经大学工商管理学院举办2012大学新生生涯辅导论坛,http://news.e23.cn/content/2012-11-18/2012B1800245.html;大众网新闻:山财大举办新生生涯辅导论坛,http://sjb.qlwb.com.cn/qlwb/content/20121121/ArticelC25004FM.htm;校园网新闻:工商管理学院举办2012大学新生生涯辅导论坛 http://pub.sdufe.edu.cn/news/view.php?id=5287。)

12月1日,《大众日报》在第七版刊发新闻报道《告知大学生"可能的路"——一所大学的生涯辅导教学探索》,对我校工商管理学院对2012级新生开展并顺利完成的学业生涯辅导课进行深度采访。校长刘兴云在接受采访时表示,新的山东财经大学合并组建后,"具备国际化视野、创新能力与思辨精神"的人才是我们的培养目标。生涯辅导课是工商管理学院进行的教学改革试点,它贯穿四年、有益终生,学校考虑将在总结基础上加以推行。记者从课程设置、上课形式、取得效果、课程特点以及如何提供其他高校借鉴经验等方面与在场的师生进行交谈。工商管理学院副院长杨明海总体介绍了工商管理学院人力资源教研室开创此课程的背景、课程设置模块和目标以及老师们集体备课的过程和实施情况,强调了该课程的专业性、系统性、整体性和延续性。研究生部副主任李琪、人力资源教研室主任梁阜、孙立莉、葛培波等分别就课程的缘起、参与课程设计和实施的过程,结合自己亲历的学生们参加课程前后的行为变化,谈了自己的体会,认为生涯辅导课与一般的大学课程不同,该课程的设计不强调知识技能,而是社会技能;不强调学习做事,而是强调学习做人,能对大学生起到很好的引导与引领作用。学生们也表达了对此课程设计的喜爱和对自身成长的帮助。(新闻链接,http://paper.dzwww.com/dzrb/content/20121201/Page07NU.htm)

全书由杨明海、梁阜、窦大海策划与通稿,共分七章。第一章"大学生学业生涯辅导概述"由杨明海编写;第二章"素质拓展"由窦大海编写;第三章"我的大学生活"由岳雷编写;第四章"职业认知与求职"的"职业认知与定位"部分由葛培波、张晶编写,"大学生求职"部分由徐茜、梁阜编写;第五章"职业选择与准备"的"公务员考试"部分由许庆华编写,"考研"部分由李琪编写,"创业"部分由窦大海编写,"出国留学"由罗文卿编写,葛培波负责第四、五章通稿;第六章"心理辅导"由孙立莉编写;第七章"价值观辅导"由杨明海编写。

在此,衷心感谢在暑期积极参与并坚持备课和编写教案的老师们,大学生的成长与职业发展有你们的一份心血!衷心感谢给教师集体备课提供支持、帮助和积极参与其中的所有领导、专家和老师!感谢林君秀主任和周莹编辑对本书的出版所作出的努力和帮助!

教师反馈及教辅申请表

北京大学出版社本着"教材优先、学术为本"的出版宗旨,竭诚为广大高等院校师生服务。为更有针对性地提供服务,请您认真填写以下表格并经系主任签字盖章后寄回,我们将按照您填写的联系方式免费向您提供相应教辅资料,以及在本书内容更新后及时与您联系邮寄样书等事宜。

书名		书号	978-7-301-	作者	
您的姓名				职称职务	
校/院/系					
您所讲授的课程名称					
每学期学生人数	_____人_____年级			学时	
您准备何时用此书授课					
您的联系地址					
邮政编码		联系电话(必填)			
E-mail(必填)		QQ			
您对本书的建议:				系主任签字 盖章	

我们的联系方式:

北京大学出版社经济与管理图书事业部
北京市海淀区成府路 205 号,100871
联系人: 徐冰
电 话: 010-62767312 / 62757146
传 真: 010-62556201
电子邮件: em_pup@126.com   em@pup.cn
Q Q: 5520 63295
新浪微博: @北京大学出版社经管图书
网 址: http://www.pup.cn